不亏

职业投资人的股市生存之道

资水　打新交朋友◎著

中国经济出版社
CHINA ECONOMIC PUBLISHING HOUSE
北京

图书在版编目（CIP）数据

不亏：职业投资人的股市生存之道 / 资水，打新交朋友著 . -- 北京：中国经济出版社，2023.5（2025.11 重印）
ISBN 978-7-5136-7316-7
Ⅰ. ①不… Ⅱ. ①资… ②打… Ⅲ. ①股票市场 – 基本知识 – 中国 Ⅳ. ①F832.51
中国国家版本馆 CIP 数据核字（2023）第 084841 号

策划编辑 燕丽丽
责任编辑 赵嘉敏
责任印制 李 伟
封面设计 久品轩

出版发行 中国经济出版社
印 刷 者 北京艾普海德印刷有限公司
经 销 者 各地新华书店
开 本 880mm × 1230mm 1/32
印 张 7.5
字 数 160千字
版 次 2023年5月第1版
印 次 2025年11月第4次
定 价 68.00元
广告经营许可证 京西工商广字第8179号

中国经济出版社 网址 www.economyph. com 社址 北京市东城区安定门外大街58号 邮编 100011
本版图书如存在印装质量问题，请与本社销售中心联系调换（联系电话：010–57512564）

序 言

我和本书的两位作者比较熟悉，他们平时活跃在集思录论坛。我也经常和他们在一个规模很小的微信群进行交流，对他们的投资理念和日常操作也有所了解，因此我可以讲一些本书背后的故事。

两位作者的共同特点如同本书的书名，就是不亏。资水是每年不亏，打新交朋友更是几乎做到了“按月不回撤”，成为投资界的传奇。据我了解，两位作者的投资风格还是有所区别的：资水善攻，根据大类资产的周期选择赛道，主动出击；打新交朋友善守，持续“扫描”市场的无风险和低风险投资机会，不管处于怎样的市场行情都有收益。然而他俩殊途同归，最终都做到了每年正收益，通过资产的复利增长，实现了财务自由。

两位作者的投资经历，给我们带来了很多启示。

启示一：投资是一条靠谱的人生道路

我们经常在各个媒体上看到各种负面消息。比如有的人炒股上杠杆，亏光多年积蓄；有的机构宣传自己很厉害，结果净值腰斩，给投资者造成巨大损失；等等。这类故事给人们留下了投资不靠谱的印象。实际上，资本市场是一个大生态，有人赌博，有人吹牛，但也有一部分人选择了非常严谨而专业的道路。他们中有人专注于研究企业基本面，有人自己编程进行量化回测，有人熟读交易规则、研究套利机会，都取得了很高的长期年化收益率。资水和打新交朋友正是这种严谨而专业的投资者的典型代表。他们以前都有各自的职业，半路出家做投资，通过持续十几年的努力，成为国内顶尖的个人投资者，著书立说，给证券公司授课。他们的经历为投资者正名：投资是一条靠谱的人生道路。

启示二：投资要研究市场规律，而不是大师理论

两位作者都是实战派，先有业绩，然后才写书，写的也都是实战中的心得体会，非常接地气。据我所知，两位作者在入门之初也是博览群书，基本把市面上热门的投资书籍都通读过。但入市操作的时候，他们并不是拿大师观点或教科书理论去套市场，而是实事求是地总结A股市场的规律，发掘背后的根因。这种独立而务实的做法，让两位作者能获得国内市场不同于海外市场的真实认知，形成匹配A股市场的投资风格，非常具有实战意义。

启示三：坚守能力圈，先把钱挣到手，再进行拓展

两位作者早期的策略都是聚焦在一两个能力圈之内，不贪多，在这个能力圈内搞懂搞透，积累强大的竞争优势，每年都能贡献收入，然后逐渐向其他能力圈拓展。这种稳扎稳打、步步为营的做法，特别

适合个人投资者。或许，国内的顶尖个人投资者或者牛散们都是这么一个成长路线图。

那么，本书给读者讲了些什么？

讲述了一套投资体系

大家都对职业投资者充满了好奇心，他们到底有什么高招能够不断地从市场上搞到钱？看完这本书，你会知道职业投资者有一整套体系，包括思想理念、A股市场规律、思维模式、风控原则和具体策略。本书介绍了“不亏”的投资体系，即追求确定性的理念，入场之前先把风险和收益都摸得清清楚楚，未战而先胜；要发掘A股市场的客观规律，拒绝本本主义；要运用多元思维，把影响市场的各个因子都考虑清楚；要坚持风控原则，防止发生“黑天鹅”事件；要落实到具体策略，练就每个人的绝招。

讲透了一些市场规律和投资原理

与一般的工具类或操作类的投资书籍不同，本书侧重于投资理念，即总结市场规律，追溯其中原理，但又结合实战案例，所以不空洞。这种从原理到实战的逻辑链具有强大的说服力，能够改变一个人的思维。我了解到，有些投资者可能就是因为别人讲了一个道理而有所感悟，从而获得思维的跃升。例如本书的作者之一打新交朋友，就是因为听到别人说“投资不一定要买股票”，茅塞顿开，从此踏上了持续盈利之路。

介绍了大量的具体策略

两位作者有丰富的投资实战经验，市面上常见的投资策略基本尝试过，对其中某些策略还有特别深刻的见解。结合最近几年A股市场的实际案例，读者可以深入领会职业投资人在做投资决策时的逻辑过程，明白“原来钱是这样挣的”。读者可以根据自身的情况，选择适合自己的投资策略进行精研，打造属于自己的独门绝技。

本书的读者对象是有一定经验的投资者，特别是那些希望提升自身能力、有志于通过投资实现财务自由的投资者。阅读本书，您一定会大有裨益。

集思录创始人　周天舒

2023年2月

目 录
CONTENTS

第一章

寻找股市盈利之路

没有一条弯路是白走的

资水的投资故事

1. 赚钱没有容易的事

先讲一个故事。十几年前，我想在上班之余开店赚点钱，考察了十几类生意，如奶茶、便利店、餐饮、照片冲印等，最后找到了一个恰当的生意，即篮球馆。开运动馆人力成本不高，只需要雇两个人看场子就行，不容易受别人的制约，而且篮球是单位面积人口密度最高的运动，人头费比较高。我在家附近的一家篮球馆蹲守了一周，每天数人头，核算下来1000平方米的篮球馆，一年营收在40万元左右，在当时算是挺高的一笔收入了。

篮球馆的核心要素是场地，于是我开始找场地，主要是废旧厂房。首先我把上海市内全部20多家民营篮球馆跑了个遍；然后发现了问题，交通便利、附近居民楼多、面积合适的场馆，租金必然不便宜。这20多家篮球馆只有2家是大幅盈利的，其他都是微利甚至亏损的。我在上海找了3个月也没找到合适的厂房，凡是能找到的都是不能挣钱的。于是我把范围扩大到长三角，又跑了几个月，在苏州、无锡、南京、杭州看了十几个厂房，最终在南京胜太路地铁站附近找到了一家看上去合适的。那时胜太路还不热闹，离居民楼有点距离，我心里没底，在下订的前两天去附近的一家羽毛球馆打听当地的运动客流情况。然而，在正式签约时物业告诉我，场馆被人“截胡”了！隔了几个月，我发现那里正开着一家羽毛球馆，人山人海，热火朝天。

于是我就知道，**赚钱没有容易的事，凡是能赚钱的机会，都有一万双眼睛盯着。**

2. 十年求索之路

最终我没有开成篮球馆，如果开成了，A股市场也就少了一个投资者。2006年，我因公司配发的股权激励解锁而入市，因为知道赚钱没有容易的事，所以我在股市只投入了部分资金，主要为了学习和研究，试图寻找资本市场赚钱的真理。

我的第一个研究对象是看盘。我的老师是同事老李，他是20世纪90年代入市的老股民，能够从当时的资本市场存活至今的，水平其实是相当不错的。老李的盘感很好，每天都会在办公室解盘，“今天主力操盘的这个位置不太好，再往下打100点会搜集更多的筹码”“2350点是前期密集成交区，支撑力度较强”。老李性格谨慎，对下跌趋势判断神准，对上升趋势则不太敏感。办公室的同事都听从老李的判断进行操作，几轮大熊市全都躲过了，不过遗憾的是牛市也没有挣到什么钱。用拟人化的“主力”“操盘”等词汇来解释市场涨跌的驱动力，代表了90年代入市的老股民的典型认知。我很清楚那不是真理，但仍有价值。在老李的指导下，我从2006年开始经历了3轮牛熊，没有发生大的亏损，这让我体验了市场情绪，知道了市场的底和顶是什么样子的。

我的第二个研究对象是价值投资。我看过一大堆投资大师的经典书籍、财报分析和行业研究报告，下手实操却收益寥寥。我买的股票通通不涨，那些嗖嗖地涨的股票怎么看也不符合价值投资理念。直到有一天我做了一个统计，即个股和大盘的相关性。我发现，大盘涨，95%的股票涨；大盘跌，95%的股票跌。我意识到价值投资并不是A股市场最底层的逻辑，应该还有其他更重要的逻辑决定股票的涨跌。我不愿意去寻找那5%的股票的涨跌逻辑，而是更想搞懂那95%的股票的涨跌逻辑，于是我很快放弃了基于企业基本面的价值投资。现在回过头看，这个直觉非常准确，价值投资的门槛实在太高了，并不适合作为普通投资者的入门方法。

我的第三个研究对象是筹码分布。《筹码分布》是我的校友、指南针软件的创始人陈浩先生的著作。书上说，如果知道一只股票在各个价位上的筹码分布，就掌握了博弈各方的底牌，从而预判出股票未来的走势。这个逻辑很硬啊！我发动办公室的同事们一起来寻找测算筹码分布的方法，把《筹码分布》这本书看了好几遍，终于在一个小角落找到了两行字：A股的平均持仓周期是120多天，由此可以构造一个老化函数来测算筹码分布。哈哈，原来如此！大家哑然失笑，想想也是，真实的筹码分布是上交所、深交所的核心机密数据，怎么可能泄露出来造成不公平交易呢？我甚至猜测，陈浩先生研发指南针软件的初始目的，就是搜集股票的逐笔成交数据，对大中小单赋予不同的持股周期，进而测算一只股票的筹码分布。

我的第四个研究对象是技术分析。我的老上司送给我们每人一本书——陈江挺的《炒股的智慧》。这本书很生动，我至今还记得开篇的三个精彩的故事："不要怕，不要悔""先搞清游戏的规则""小偷的本事不在于偷，而在于逃"。《炒股的智慧》实际上写的是经典的道氏趋势理论。由于书太薄，我找了另外一本更详细、更具备实操意义的书，即鹿希武的《趋势交易法》，看完后我产生了一个疑问：很多人都会技术分析，如果有效，那岂不是赚钱有了容易的事？好在技术分析的收益率很容易通过回测来验证，于是我对各种技术指标进行回测，大概有8个月时间，每天晚上手工进行回测。那时还没有果仁网等专业回测网站，我打开K线图，任选一个时间点，把后面的K线遮住，然后一天天放出来，验证了各种均线、MACD（异同移动平均线）、布林线、波浪的收益率，得出了结论。几年后我还在集思录论坛写了一篇经典的帖子——《根据技术指标炒股，将获得股市平均收益》。这个结论对我产生了深远的影响：我知道了整个技术派的收益率，再也不会被满嘴K线的人忽悠；也知道了要想寻找赚钱的方法，就必须像这次回测技术指标一样，把标的研究透彻。

于是我开始进行大规模的研究，把所有想到的投资问题和所有听到的投资策略，包括技术面的、基本面的、宏观政策面的、博弈面的，都展开研究，寻求答案。每年都有相当长的一段时间，短的有两三个月，长的有八个多月，我晚上都在进行回测和分析，直到半夜。每当研究的问题有结论时，我都会写一篇简单的分析报告，比如大盘底部和顶部特征、财务“爆雷”迹象、某行业估值区间统计等，多年积攒下来写了七十多篇。多年丰厚的积累，终于为我敲开投资的大门。

3. 一朝顿悟，加入不亏队伍

徐大为的《低风险投资之路》一书中有一句话深深触动了我：“这个市场上有一些人，他们从不亏损，我决定加入他们。”这句话明明白白地告诉我两件事：第一，投资并非赌博，而是实实在在的致富之路，很多人已经走通了，获得了财务自由；第二，投资的关键，就是不亏。我立刻决定加入不亏的队伍。

在2015年6月的某一天，那时正好是A股5000多点最喧嚣的时候，午休的时候我绕湖散步，问了自己一个问题：“世界上最好的票是哪一只？”我几乎没有思考，就给出了答案：**“所有知道底、知道顶、知道时间的票都是最好的票，我只要在底部买入，在时间范围内耐心拿着，在顶部卖出，就是稳赚不亏的。”**

这一瞬间我就悟道了，那种感觉是如此清晰、如此透彻，就好像身边的迷雾刹那间消散，一切都看得清清楚楚、纤毫毕见，世界从此不同了！后来我才知道，德隆专家早有类似的表述，即“三个知道”，但我的表述和他的有细微的不同。德隆说的是“知道能涨多少，知道会跌多少，知道投资的期限有多长”，那是投资者已经选择了某条赛道（某只股票或者某个品种），在那条赛道、那个时点看前面的路况；而我的“知道底、知道顶、知道时间”是连赛道都没选，先站在场外看看每一条赛道从头到尾的路况，哪条通畅才选哪条，这隐含了时机选择和大类资产配置的意思。

于是我的整个投资体系就建立起来了：第一，所有品种，包括股、债、大宗商品，都有周期，抄大底，逃大顶，这就建立了时机选择的概念；第二，不同品种的周期是不一致的，哪个见底了就买哪个，这就建立了大类资产轮动的概念；第三，在一个周期内，不同价位的风险是不一致的，价格越高风险越高，价格越低风险越低，这就建立了风险管理和仓位配置的概念；第四，不同标的的振幅和时间不一致，比如银行股一年的振幅可能就是30%，而科技股一年的振幅可能是200%，这就建立了到期收益率与预期管理的概念。这些概念全都是投资中的重大战略问题，在这一瞬间就解决了。

那天下午我就把所有资金打入股票账户，开启了半职业投资的历程，即今后以投资为主业，将主要精力和全部资金投入其中，而工作只作为副业。当然，做出这个决定基于一定的现实背景：新上来的领导比我年轻几岁，意味着那时41岁的我，职业生涯已经进入尾声，而整个行业和我所在的公司，也偶尔出现危机，时不时来一个“假摔”。这让我早就意识到不能靠打工活一辈子，必须找一条活路。我对自己说：“那就先试试半职业投资吧！看自己是不是这块料。第一，能不能靠股市活？第二，能不能靠股市富？第三，能不能靠股市有所成就？”

不知是运气还是实力，在半职业投资的一开始，我就抓住了一个重大机会——分级A。我看好分级A不是因为折溢价套利和轮动，而是根据统计数据，它的底清清楚楚，是0.78元；它的顶清清楚楚，是

0.92元，一年时间就可实现18%的收益。这是完美的知道底、知道顶、知道时间的标的，这就是世界上最好的票！在分级A跌到0.78元的时候，我几乎用全部资金购买分级A。后面的事大家都知道了，在A股从5000多点开始崩盘的时候，做分级A的人赚得盆满钵满，我也赚到了自己的第一桶金。

资本市场有一个奇怪的规律，一旦你真正品尝过挣钱的滋味，就会源源不断地挣钱。正如《圣经》中马太福音说的："凡有的，还要加给他，叫他多余；没有的，连他所有的也要剥夺。"真正挣过钱的人，对靠谱的挣钱方法有着超乎寻常的敏锐度。随着研究的深入，后面的几年里，我积累的策略逐渐丰富起来，修炼了固收、周期股、价值投资、事件驱动、轮动、套利、博弈等多种策略。在不同的市场行情下，我总能找到盈利的机会，2015—2022年我的收益率分别是26%、26%、14%、7%、48.3%、34.1%、40.2%、18.2%，每年都实现了正收益，即便是普遍认为难度较大的2018年和2022年，我也实现了盈利。

2022年，我的第一目标"靠股市活"已经达成，实现了基本的财务自由。我开启职业投资生涯，朝着第二目标"靠股市富"进发。回首入市前十年走过的弯路，其实功夫并没有白费。投资如同走迷宫，不把那些死胡同蹚出来打上标记，是不容易找到真正出路的。随着我对投资的理解不断加深，渐渐明白看盘、技术分析、筹码分布等套路也并非谬误，价值投资也并非普适真理。事实上，资本市场所有理论都有严格的适用条件，不存在简单的对错和绝对的真理，只要把各种套路融会贯通，就可以用得风生水起。

普通投资者对职业投资人往往充满好奇，觉得他们掌握了财富密码，其实职业投资人哪有什么财富密码，无非在每次交易时都力求不亏而已。

每年投资都不亏，十年下来就财务自由了。

打新交朋友的投资故事

1. 满怀热情，15 年坎坷投资路

我对投资的热爱受到父亲的影响。父亲是中国第一代股民，1992年开户，参与并享受了原始股、法人股、新股等制度红利，但父亲和他的那些股民朋友的投资结果基本都是“七亏二平一赚”中的“七亏”。现今75岁的父亲仍然每天炒股，股票的市值还徘徊在26年前即1997年的水平。父亲和他的朋友们的经历，以及社会对炒股人的宣传，一度令我认为炒股是完全不靠谱的事情，而投资就是炒股。

1999年，我大学毕业工作一年多，有了自己的财务支配权。由于我对股市依然充满期待，抱着试试看的心态，我开户成为一名新股民，把无限的热情投入股票交易。就这样我断断续续地交易了接近15年，投资的结果基本属于“二平”，但考虑到金钱的时间成本，无疑还是输了。回头来看，岁月蹉跎，时间和精力都花在看股评、听消息、跟大V、研究技术指标上，所谓的股票研究基本属于无用功，既没有建立优势，也不具有确定性，根本没有入门。随着工作、家庭越

来越忙，我在投资领域没有精进，渐渐对投资失去了信心和兴趣。在投资这个领域，我无疑是一个最普通的人，多年的股票投资让我洞察了自己的天性，也许我的性格就不适合做博弈投机，也不具备在股市这种复杂的生态环境中生存的能力。

不过这段投资经历也不是一无是处，经历了两轮完整的牛熊转换，我在投资交易方面有了一些刻骨铭心的体验，而这些都是成为成熟投资者的重要基础。

2. 高人点拨，踏上职业投资不亏之路

一个人如果无法获得突破和成长，在我看来最大的阻碍就是“底层认知框架的束缚”。底层认知用通俗的话讲就是老百姓说的见识。认知模式的不同源于每个人成长过程中受环境影响的不同，从而培养了一个人基础的认知模板，无论遇到什么状况，都会自然而然地提取以前相应的行为作为反应。这个束缚来自底层，而挣脱这个束缚需要很大的外力，以及极强的自我反思能力，而这时往往需要有高人点拨。

因缘和合，我的高人出现了。在2014—2015年现金打新股的群体中，我认识了一位朋友，也是我的贵人。他向我分享了一种低风险策略，即分级基金折价套利对冲股指期货的中性策略；同时他把集思录网站推荐给我，让我看到了另外的世界，原来投资不只是炒股票，还有很多种低风险投资，这给我带来了小小的认知改变。在这位高人的指点下，我由不盈利蜕变成每年都稳定盈利，甚至在长达9年的时间里做到了每个月盈利不回撤。表1-1是我2014年以来的收益情况，虽

然收益不算高，但属于比较稳定的绝对收益风格。

表 1-1　打新交朋友 2014—2022 年的投资收益率

资金年份	资金净值（元）	年份	个人投资收益率（%）	沪深300收益率（%）
1	1.1850	2014	18.50	51.66
2	1.6946	2015	43.00	5.58
3	1.9487	2016	15.00	-11.28
4	2.2216	2017	14.00	21.78
5	2.4104	2018	8.50	-25.31
6	3.0949	2019	28.40	36.07
7	3.9368	2020	27.20	27.21
8	4.6442	2021	17.97	-5.06
9	5.5038	2022	18.51	-21.63
平均年化收益率（%）		20.86		

投资是一个不断自我反馈和更新认知的过程。我虽然能力圈内只会一招，但可以重复做。这让我能够在稳定盈利的状态下逐步接触投资，让我有充分的时间和稳定的心态来学习投资。同时我做了很多实验，不断积累经验和知识，研究的复利就体现出来。综合考虑个人情况，2016年初，我开始了职业投资生涯。

2017年开始，随着分级基金被限制，我的单一策略失效，面临职业投资之路到底能不能走下去、该如何走下去的问题。还好，A股有独特的新股制度，我可以把闲置资金先配置到对冲打新的策略中，这部分的收益率可以跑赢银行理财，让我有一个稳定的状态去探索风险投资之路。这有些类似于改革倒逼，我开始尝试我能想到的所有交易，也会购买具有权益属性的品种，如商品期货、港股、A股、基金、可转债、股指期货、期权等。

一路走来，跌跌撞撞，我的低风险策略以最长周期为一年半的速度失效。我只能不断地学习和积累，构建新的策略，建立新的优势。我也在权益投资方面逐步承担风险，由易渐难，稳步前行。

我这个已经被资本市场验证过的毫无天赋的普通人，沿着正确的方向努力，拥有正确的投资价值观，不断地积累优势，也能走上稳定复利增长的不亏之路。所以我相信只要用心、努力，每一位投资者都能做到！

树立不亏的理念

在能力圈内投资

所谓“不亏”，并不是说绝对不能亏损，而是一种意识、一种理念，是做每笔交易时都仔细评估风险和收益，在做好防守的基础上追求进攻，不管牛市、熊市，都实现复利增长、不大幅回撤。

树立不亏的理念，总体思路就是**“建立自己的优势，在自己的能力圈内投资”**。

我们清楚地知道，市场的复杂性远超我们的认知能力，市场变化的方式也往往超出我们的预料。这是一个博弈的市场，且具备明显的不对称属性。每个领域都存在资金雄厚者、水平高超者、信息灵通者，他们是影响市场的重要力量。普通投资者虽然可在一定范围内达到半内行的标准，却很难成为最接近真相的人，“七亏二平一赚”是客观存在的现实。

投资的本质是竞争，而竞争中的生存之道就是建立优势。生物学有一句名言，“每一种存活至今的物种，都是因为积累了那么一点点优势”。俗话说，“靠幸运赚的钱，都会靠实力输回去”。投资的时间长了，胜出的唯一因素就是具有优势。

每个普通投资者都应该从自身的性格、情况、交易经历中不断摸索，一以贯之，直到找到自己的能力圈，建立优势。

能力圈内就是具有确定性优势的地方，哪怕能力圈再小，只要主要仓位集中在能力圈内，就可以做到不亏。能力圈也是舒适圈，投资者也要跳出舒适圈，在主仓不亏的基础上寻求更多的可能性。

在能力圈内配置主要仓位来保持不亏，在能力圈外坚持小仓位试错来锻炼提高，扩大能力圈。这样才能建立反脆弱体系，既不会在小小的能力圈内故步自封，也不会因能力圈内策略失效而手足无措，始终学习，终身成长，不断迭代演化自己的投资能力。

确定性的三个来源

能力圈阐述的就是确定性原则。那么，如何在充满不确定性的投资博弈中寻找确定性呢?

确定性有三个来源：价值、周期、规则。具体的内容后文有详细的论述，这里只作简单介绍。第一，价值产生确定性。价格围绕价值波动，这是价值投资的基石，主流机构大多按照这个确定性角度去做价值投资。第二，周期产生确定性。万物皆有周期，事件的发展通常表现出“潜伏—发展—高潮—衰退—沉寂”的规律，周期规律具有哲学层面的确定性。第三，规则产生确定性。规则是个人投资者最容易掌控的确定性来源，绝大多数套利交易的逻辑起点就是规则的确定性。

交易层面也涉及确定性。交易的三要素：底、顶、时间，三个选项都知道，则交易具有很高的确定性；只能知道其中两个或者一个选项的，也提高了交易的确定性，降低了交易的难度；三个选项都不知道，交易的确定性就很低。这就是著名的投资的“三个知道”。

尽量避开多决定因子投资，降低变化的复杂性，寻找确定性的来源，建立“三个知道”的思维，都是为了降低难度、建立优势。

投资就是一个不断地自我反馈和更新认知的过程。如果采用某种方式无法盈利，那就降低难度、减少影响因子，直到操作和认知实现自洽。如果寻找到自己的能力圈，那就在能力圈内重复做不亏的交易。虽然能力圈内具有优势的交易策略不能保证每次都是盈利的，但可以保证长期不亏，从而做到整体收益不亏。然后在不亏的基础上慢慢培养能力，逐步升维，在更高的维度上建立优势，从而扩大能力圈，获得更强的生存能力。

通过持续努力掌握股市规律

在职业投资者这个群体，能够做到长期复利稳定增长即不亏的人，还是占有相当大的比例的。换句话说，通过系统地、持续地努力学习做到稳定盈利的概率比较大，取得高年化收益率的也不乏其人。2019年，集思录论坛发起口述投资故事的访谈活动，整理成帖。[①] 这个帖子特别好，值得推荐。参与者很多是长期稳定盈利的职业投资者，这样一个群体，基本上代表了国内低风险个人投资者的顶尖水平。这群人的画像有一些共同特征：他们知识渊博、见识深刻；他们独立思考、思辨入微；他们经验丰富、历经牛熊；他们体系完备、各有绝招；他们勤奋研究、日夜不辍。一言以蔽之，他们是一群通过持续努力掌握股市规律的人。

尽管资本市场充满了偶然性，也不乏各种暴富的神话故事，但是拉长时间维度来看，真实的情况是，**没有一个投资者是幸运的，没有一分钱是侥幸的。**

实现不亏要跨越四个门槛

“不亏”二字虽然简单，做到它可不容易，这是一项庞大的系统工程。解决复杂问题的第一步，都是从分解问题入手。投资如何才能不亏？这个问题可以分解成以下四个子问题：

如何构建基础的知识体系？

投资需要一个庞大的知识体系，需要懂宏观、懂政策、懂行业、

① https：//www.jisilu.cn/question/340428.

懂经营、懂财务、懂风控、懂技术、懂统计、懂哲学、懂博弈、懂别人挣钱的套路。这其实是一套大学的本硕博课程，没有捷径，需要尽十年之功、历经两轮以上牛熊，独立思考和操练，方能掌握。限于篇幅，本书不准备就基础知识进行扫盲，但会把各个环节非常重要的常识告诉大家。这些常识并不显而易见，与一般投资者的认知也不尽相同，但确实是我们职业投资人在一线搏杀后的切身体会，是一些独特的、接地气的、匹配个人投资者的观点。

采用什么思维方式发现股市规律、拓展能力圈？

在市场上，有些人炒了一辈子股票也没有进步，有些人一年上一个台阶，几年后就入了投资的门，区别在哪里？区别在于思维模式，用通俗的话说就是学习能力。投资与上学不同，上学有老师教，课程也都是学校制订好的；而投资没有老师教，学什么、怎么学，没有人告诉我们，需要自己独立学习，即独立总结规律、独立定位问题、独立寻找答案。说实话，独立学习是一项奢侈的能力，大概十人中仅有一人具备。没有独立学习能力的人，不可能入得了投资的大门，更谈不上“不亏”了。本书没有办法传授独立学习的能力，但会将职业投资人总结规律、定位问题、寻找答案的思维过程呈现出来，把根据自身特点拓展能力圈的方法论提炼出来，供有志于投资事业的读者朋友们参考。

遵循什么样的投资原则？

比如最重要的投资原则就是风控原则。一个人在几十年的漫长投资生涯里，碰到“黑天鹅”的概率几乎是100%。海龟交易法的投资大师丹尼斯和长期资产管理公司（LTCM）的两位曾获诺贝尔奖的创始人，虽然曾经的业绩那么辉煌，最后都因没能躲得过“黑天鹅”而清盘。所以投资者既要仰望璀璨的星空，也要注意脚下的无底深渊，永远都把风险摆在第一位，通过排雷、分仓、对冲等一系列手段降低风险，即便遭遇“黑天鹅”，也不会遭受重创。投资是一场长跑比赛，有一句话叫作：“坚持投资三十年的，必成巨富！”我们只要在市场上活着，活得够久，就一定会成为巨富。本书还会介绍其他原则，都是职业投资人严格恪守的投资原则。

掌握哪些具体的策略，可以逐步实现持续盈利？

本书的最后一章，会介绍几个经典的投资策略。每个人都有自己的投资策略，市场上可能有几千个投资策略，这些策略有易有难，风险与收益是相匹配的。一般风险低的策略比较容易掌握，收益率自然就低；风险高的策略比较难掌握，收益率也高。从职业投资人的角度来说：第一，所有的策略都是好兵器，兵器当然多多益善，在不同的市场行情下可以应用不同的策略；第二，需要不断地精研、打磨策略，就像兵器需要天天操练才能上得了战场、杀得了敌一样，才能取得好的收益。有些策略，我们从一开始的两眼一抹黑，到后面的精通，年年精研、打磨，修炼了六七年之久才得以大成，最终贡献大把利润。

第二章

一些并不显而易见的常识

常识不简单。查理·芒格说："所谓常识，是平常人没有的常识。我们在说某个人有常识的时候，我们其实是说，他具备平常人没有的常识。人们都以为具备常识很简单，其实很难。"

资本市场的常识更复杂。所有的证券品种都涉及周期、价值、统计（量化）、规则、博弈五个方面，我们称为投资的五个基石（见图2-1）。掌握这五个方面的主要常识，知识体系才能算初步完备，投资才可能入门。

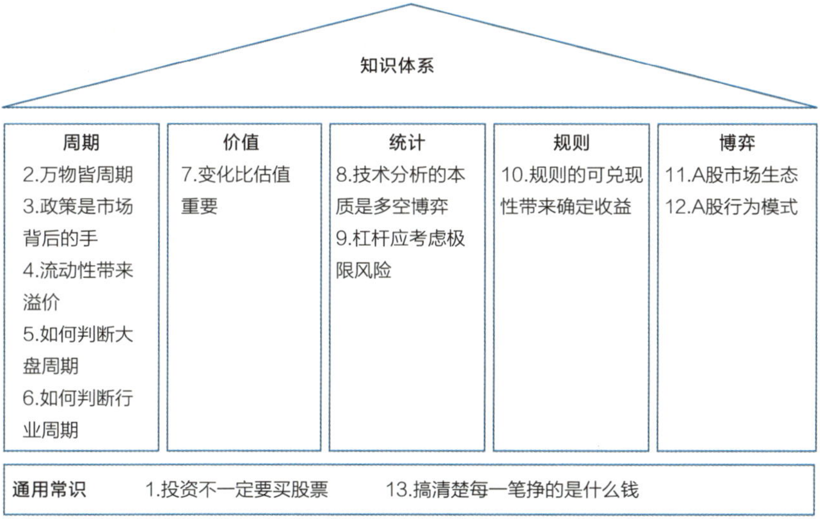

图 2-1　投资知识体系的五个基石

这五个方面的常识，大部分投资书籍和大师言论都会涉及，本书不准备抄录重复，但会就我们职业投资人的切身体会，谈一些并不显而易见又非常重要的常识点，供读者朋友们参考。

投资不一定要买股票

“一盈二平七亏”是整个股票投资生态环境的客观写照。对普通散户来说，盈利比例应该没有这么高，因为“一盈”里具有优势的主流资金占据更大的比例。本书的作者之一打新交朋友就打趣说：“我为啥从每年稳定亏损到稳定盈利？就是知道了投资不一定要买股票，还有很多方向呗。”

“投资不一定要买股票”，真的是深刻到骨髓的领悟！在职业投资人的圈子里，有一半以上的人都是通过低风险投资迈入财务自由的门槛的。所谓低风险投资，都是投资股票以外的品种。把投资难度降低，把简单的题目做对，把把不亏损，日积月累，财务自由就是这么来的。

股票投资为什么那么难？

1. 股票的决定因子太多

股票至少受到宏观经济、资金流动性、行业变局、企业经营管理、财务数据、市场情绪、资金博弈等七个因子的影响。每多一个因子，投资的复杂度就上升一个数量级。如果把投资股票的难度系数定为“里氏七级”，那么投资行业ETF，影响因子就是宏观经济、资金流动性、行业变局、市场情绪，难度系数降为“里氏四级”；

更简单的是投资宽基ETF，行业都不用看了，难度系数降到“里氏三级”。

2. 股票的定价机制中无锚，波动极大

债券可以用到期收益率（YTM）做锚。比如一只企业债的YTM>6%，我们可以说它低估；YTM<3%，我们可以说它高估。但是股票定价没有准确的锚。告诉大家一个事实，所有的估值法，不论是哪个大师说的，都不是那么有效。同一家企业，一年前市场估值1000亿元，一年后估值300亿元，哪个价格是合理的呢？高估之后可以更高估，低估之后可以更低估。这么高的波动率，能够承受的人极少。

3. 股票的信息链很长，而投资者往往处在信息链的最后一环

股市中，内幕消息、小道消息、虚假消息混杂其中，谁说的是对的？对于散户来说，虽可通过努力在一定范围内建立能力圈，从而达到半内行的标准，却很难成为最接近真相的人。在市场中，散户相对于产业资本和机构，处于信息劣势。而且，产业资本和机构也只在某几个行业具备信息优势，在别的行业同样处于信息劣势。因此，股市中没有谁是常胜将军。

4. 股票是市场博弈的场所，不存在一直有效的策略

根据反身性原理，一种策略如果有效，那么依据这个策略进行投

资的行为本身就在改变投资生态环境，把对手盘的钱挣光了，策略就会失效。一种规律一旦是众所周知的，就注定无效，所以普通投资者很难找到确定性的规律。

还有哪些投资品类和投资方法？

除了股票，市场上还有很多投资品类和方法，根据投资圈内的共识和一些客观数据来主观研判，虽在严谨性和科学性方面有所欠缺，但也能大致说明它们的特点和难易程度。以下所有的“获胜比”均是一个牛熊大周期内的长期复利结果。

1. 股票打板龙头战法（获胜比：1%）

这是一个让普通投资者很容易上瘾的投资方法，能给人带来快速获利的快感。但冷冰冰的统计数据告诉我们，获胜比极低，大多数投资者损失惨重。昨曾涨停指数（880874），从2017年5月的16000点（前复权）跌到2022年11月的162点，说明打板的人五年下来资产平均只剩下约1/100了。这是一个零和游戏，即必然有1个人把其他99个人的财富都收归己有，站在金字塔顶端的那个强者的确是这个市场财富积累速度最快的，但大部分人是输家。

2. 商品期货（获胜比：4%）

期货公司的客户统计数据是非常客观的陈述，“约4%”的获胜比是多家期货公司的共同数据。商品期货是典型的高杠杆负和游戏，是互摸口袋的强者游戏，对投研分析、博弈对抗、仓位管理、心态控制等都有非常高的要求。这么低的胜率，为什么还有很多人趋之若鹜呢？可能是期货的暴富神话太吸引人了吧！

3. 股指期货和期权（获胜比不定）

作为指数的杠杆类型金融衍生品，参与者的逻辑起点各自不同，有的是配合权益做套利，有的是场内做对冲，有的是做趋势交易。在这一领域，市场并没有明确的获胜比数据。但作为具有天然大杠杆的品种，单纯对抗交易的风险不言而喻。这是一个镰刀互砍、强者生存的环境，如无实力，避而远之。

4. 股票（获胜比：10%）

股票投资在前文已经有了详细的说明，此处不再赘述。但股票投资博大而宽旷，如果每个人根据自己的情况专注某一类别股票的投资（如事件驱动、ST股票摘帽、涨价题材、要约收购等），长期钻研其中，那么获胜概率可以大大增加。

5. 权益基金和 ETF（获胜比：30%）

无论是主动型权益基金还是被动型指数基金，无论是宽基ETF还是行业ETF，都是分散了的股票组合，不用考虑个股因子，也不用担心出现个股“黑天鹅”，但也没有个股的爆发力。基金的价值锚相对容易找到，投资者的心态不容易崩溃，难度比股票低。

6. 可转债（获胜比：60%）

可转债是债券和股票的混合体，理论上具有“下有保底，向上无限”的特征。当然，因为强赎条款的存在，可转债实际上呈现的是“下有保底，向上也有限”的收益曲线。同时，到期时间、回售时间也给持有周期增加了确定性，从“三个知道”的角度，底、顶、时间具有相对的确定性，获胜比自然就高了很多。

7. 债券（获胜比：80%）

债券曾经是近乎99%获利的品种，虽然现在刚性兑付被打破了，但从获胜比的角度看，仍然是高获胜率的品类。

8. 低风险套利（获胜比：90%）

低风险套利是典型的高获胜比的投资，中等收益水平，但具有机会难找、容量有限、策略持续有效性很差等缺点。

9. 货币基金和银行理财（获胜比：99.99%）

只要不贪图高额利息，对银行理财能有基本的判断，绝大多数人都不存在失败的可能。

以上只是简单举例陈述，不全面也不一定准确，旨在说明投资市场是一个既可以选择做难题也可以选择做简单题的地方，各种投资品类和方法各有利弊，因人而异。

选择适合自己的战场

1. 学会做简单题

股票投资难度大，又是机构博弈的主战场，以我们职业投资人的认知，一般需要经历两轮牛熊，大概十年方可入门，进而获得稳定收益。在入门股票之前，投资者可以选择其他适合自己的战场，先把钱挣起来。

第一个思路是从胜率高的低风险品种入手，如理财、套利、债券、可转债等，先做到盈利，然后逐步向ETF、股票、期权、期货等高风险品种拓展。在一个人的投资生涯初期，盈利是极其重要的，能够帮助我们建立正确的价值观，形成对风险和机会的敏锐判断力，从而持续盈利。

通常来讲，高风险品种对应高收益，低风险品种对应低收益。但我们可以做一些深入的研究，以期在低风险品种上也能实现较高的收益。

以债券投资为例，假设我们投的是债券基金，一般债券基金的年化收益率是5%~7%，这是风险低、收益低的稳健投资方法。而一般债券基金每年都会出现一波2%左右的回撤，如果我们在一只债券基金下跌2%以后再投它，就可以获得7%~9%的年化收益；如果我们在多只债券基金之间进行轮动，谁跌了2%就买谁，还可以获得一个轮动收益。当然，这个轮动收益事实上是比较难“吃”到的，场内的债券基金成交量小，摩擦成本较大，场外的债券基金有申购赎回费用，需要寻找费用打折的基金。

另一个例子是可转债。130元以下的可转债是风险和收益不对称的品种，“下有保底，上不封顶”。可转债规则较多，很多投资者并不是通过死拿可转债获得低风险、低回报的债性收益，而是通过对可转债规则的钻研，发掘出如“博下修”“打地鼠”“双低轮动”等进阶策略，大幅提升了收益率。2021—2022年是可转债的大年，很多可转债投资者取得了年化收益率40%以上的高收益，完美躲过2022年的熊市。

2. 避开人多的地方

个人投资者还可以选择机构去不了的战场。主流资金有因为容量问题而不能做的交易，如小规模可转债，规模3亿~5亿元，大资金进出不便，但散户可以做；有因为机会出现频度低而不屑做的交易，如分级基金溢价套利和大盘新股上市的基金套利等；有因为制度限制而不允许做的交易，如跨市场套利交易。而个人投资者则没有上述的顾虑，可以选择在自己的优势战场做投资。

读到这里，读者朋友们可能会有疑问：高风险投资不一定伴随着高收益，还有可能亏损；低风险投资和小众市场投资（以下简称“低小”）不容易亏损还有可能获得高收益，但为何主流资金没有做低小的，都是做难度较大、风险较高的股票交易呢？这需要辩证地看问题，因为投资中的三个角“收益、风险、机会”不可能同时占优，低小也有其明显的局限性：首先，低小的容量有限，注定容纳不了大资金；其次，低小的策略门槛和创新要求较高，且具有明显的短时性，比如套利行为本身就在破坏套利环境，直到环境不再适合套利；最后，低小的机会具有单次偶发性的特点，可能等半年才能等到一次机会，需要长期关注才能把握住机会。

3. 适合自己的才是最好的

研究的广度决定了投资者对机会的掌控能力，研究的深度决定了投资者的盈利能力。我们该如何选择努力的方向呢？选择做难度低的简单题，获胜比高，但机会不好找，随时可能失效，研究广度可以适度弥补。但核心问题是在投资方法上，需要经常改变，很难形成思维复利。比如，在分级基金投资中形成的一系列成熟策略，随着分级基金的消失，投资方法完全失效。而选择做难题，获胜比低，难度大。比如价值投资者，从一开始在投资方法上就不需要经常改变，思维复利不断累积，研究深度不断加深，最终拥有超强盈利能力。

每个人的情况不同、能力不同、性格不同，构建的能力圈也不同。投资者先要立足不亏，做能拿“分”的题，把钱挣到手，在不亏的前提下循序渐进地扩大能力圈。

万物皆周期

万物皆有周期，农产品以年为周期（蛛网周期），工商存货以2~4年为周期（基钦周期），设备投资以6~10年为周期（朱格拉周期），房地产以20~40年为周期（库兹涅茨周期）。20世纪以来美国一共有22次经济衰退，即美国经济以6年为一个周期。①

关于周期，中华文化中的经典当属《易经》。乾卦卦辞是这样说的：潜龙勿用、见龙在田、或跃在渊、飞龙在天、亢龙有悔。

周期律是资本市场最重要、最底层的哲学，理解了周期律，投资的很多事情就豁然开朗了。

A 股的本质是周期

1. 美股 vs. A 股：价值与周期

如果只能用一个词来描述A股和欧美股市的主要区别，这个词可能是“周期”。

以道琼斯指数为例，它的年K线是这样的（见图2-2）：

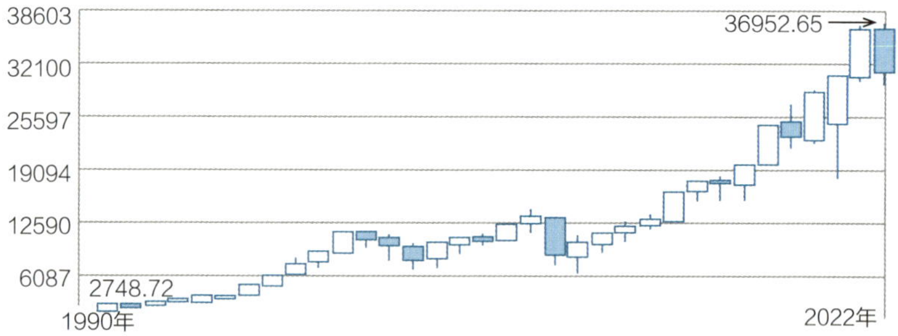

图 2-2　1990—2022 年道琼斯指数年 K 线

① 数据来源于美国国家经济研究局（NBER）。

从图2-2可以看出，道指一路上涨，气势如虹，从1990年的2748.72点涨到2022年的36952.65点，33年涨了约12.4倍，年化收益率7.9%。

而上证指数的年K线是这样的（见图2-3）：

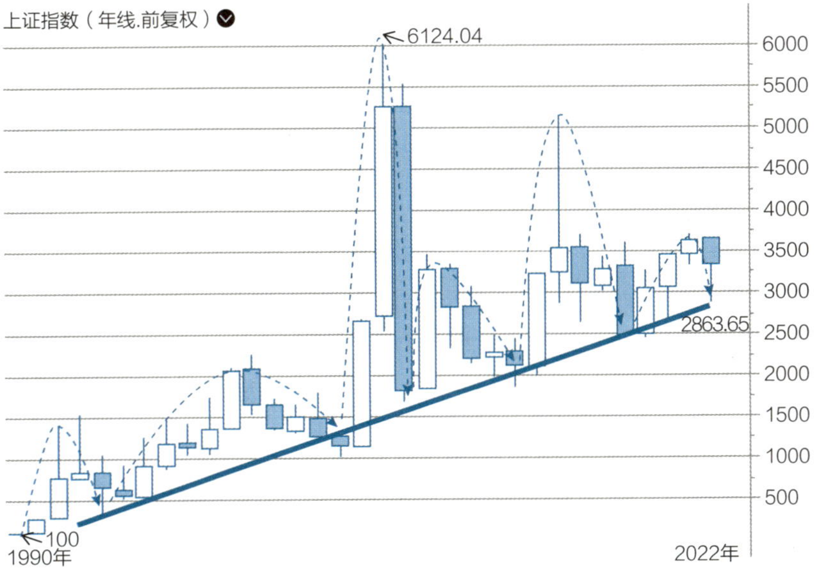

图 2-3　1990—2022 年上证指数年 K 线

上证指数从1990年的100点涨到2022年的2863.65点，33年涨了约27.6倍，年化收益率10.6%。

比较中美股市，它们有一个共同点，即两个市场的长期方向都是向上的，年化收益率分别为10.6%和7.9%。这是因为两国经济长期增长，指数增速匹配了规模企业的净资产收益率。

美股基本上是沿着年化收益率7.9%的趋势线小幅波动，一路上升。因此，**美股的本质是价值**，其定价基于权重股的净资产收益率。

而A股则有以下不同的特征：

第一，底线逐年抬升。把A股历年的历史大底连起来画一条线，是一条每年抬高100个点左右的上升线。这就是A股的底线。

第二，波动剧烈。33年里居然有9年年内指数翻倍！有19年的波动率大于50%。

第三，一般连涨、连跌不超过2年。只在20世纪90年代初和2021年出现了指数连涨3年的情况。

价值理论虽然能解释A股长期向上的趋势，但不能解释A股的波动如此之大，在很多年份，市场火热，指数的定价远远超出企业净资产收益率应有的估值。总体来说，指数的运行呈现出“底线—过热—回到底线”的循环特征——周期性明显。因此，**周期才是A股本质的特征。**

美股围绕价值，A股则呈现周期性，为什么会这样？

这是由A股缺乏足够的做空机制造成的，投资者只能通过做多获利。产业投资者要退出，有释放利好提升股价的需求；机构要销售产品，有抱团做业绩的需求；游资要吸引散户跟风，有拉涨“搞事”的需求。于是，市场形成合力，会把股指打到远超合理估值的程度，然后资金不济，市场崩盘，所有人蜂拥出逃，股指跌回底部价值线，如此周而复始的循环，形成周期。

2.A 股生存之道：看透周期

A股的本质是周期，这个结论极其重要。

这就意味着，**在A股，择时是必需的。**底线每年抬升100点，2018年在2450点左右，2022年在2850点左右，这简直是泄露天机！K线图表明历史大底出现后一年内都可以获利50%以上。2018年的大底我们抄到了，2022年的大底集思录上有几位高手也抄到了。只要运用这样一个简单的择时策略，就可以超越90%的投资者！

这就意味着，**在A股，片面地强调价值是错误的。**如果投资者局限于行业和企业的基本面，坚持满仓轮动，而忽略了周期因素，就如同瘸腿奔跑，必然摔跤。以A股波动率大的特点，投资者在33年里，会有2/3的年份承受30%以上的回撤，有1/3的年份承受50%的巨大波动！这种心理煎熬是绝大部分普通投资者不能承受的。

这就意味着，**投资者入市，首先要搞懂周期的问题，其他问题是次一级的问题。**只要搞懂大盘的周期，搞懂行业景气度的周期，搞懂市场情绪的周期，搞懂各个投资品种不同于大盘的周期，就拥有了A股投资大门的金钥匙。后文将会介绍这些内容。

知道A股的本质是周期，很多事情就一下子看透了。比如，巴菲特说过，“适合大多数投资者的投资方式是购买指数基金”，这句话在美国是正确的。美股的指数能够连涨十多年，而个股“爆雷”的风险却巨大，一天就可以腰斩。普通投资者不具备深度投研能力，所以购买指数基金是一种好方式。但这句话在中国不一定正确，在A股，指数是大波动，因为个股设置了涨跌停板和受政策影响，使得烂股也有起死回生的一天，所以其风险远比美股低，在A股长期持有指数基金未必是正确的。

未来，A股底线上升的速率会不会发生变化？随着中国经济增速逐渐放缓，以及A股的总市值逐渐增大，我们认为大概率是会发生变化的，所以抄底不能根据历史统计来刻舟求剑。但是，只要做空机制还没有完善，A股仍将保持周期的特性。

经典价值投资案例的背后是景气周期投资

1. 每个行业都有周期①

市场上对行业进行划分，一般会区分为强周期行业和弱周期行业。强周期行业包括有色金属、钢铁、化工、水泥、煤炭、石化、航运等工业制造业，房地产、汽车、旅游、服装等非必需消费品业，银行、保险、券商等金融业；弱周期行业主要包括食品饮料、公用事业、农林牧渔、医药生物等。其实不论是强周期行业还是弱周期行业，都有周期，只不过周期时长不一样。有的行业周期长达十几年，如地产行业；有的行业周期则很短，1~3年可能就是一个行业周期，如化工的一些子行业，部分农产品。

制造业是典型的强周期行业，从企业诞生之初就被打上了“周期”的标签，其周期受供求关系和产品价格的影响，呈现“供给紧缺—价格上涨—产能扩张—库存过剩—价格下降—产能出清”的循环。

---

① 此部分内容引自网友flushz的帖子：https://www.jisilu.cn/question/463781。

而一些可选消费类行业，取决于消费者的购买力，几乎和宏观经济的起落同周期波动，只不过波动幅度比强周期的工业制造业小很多，毕竟消费品的价格不可能像工业品一样动辄腰斩或者翻几番。这里有一个特例是房地产行业，近20多年来，中国的房价持续上涨，让很多人以为房地产没有周期。实际上，中国房地产行业这一波长达20多年的长景气周期，是在人类历史上罕见规模的城市化背景下发生的。随着中国城市化即将进入尾声和人口老龄化，房地产行业也将进入下行周期。

银行、保险、券商等金融业也是周期行业。其周期一是由国家的货币政策和财政政策所决定，二是与房地产行业的景气周期密切相关。根据央行和银保监会制定的房地产贷款集中度管理制度，大型银行的房地产贷款占比上限为40%，中型银行的房地产贷款占比上限为27.5%，即中国银行业的27.5%~40%的贷款都是房地产贷款。保险行业也有很多信托资金投向房地产。所以在A股市场，一般把银、保、地归为一类，称为“大金融”，它们的股票走势有密切联系。

科技与互联网行业中，科技企业的周期与科技创新同步，如PC时代、互联网时代、移动互联网时代等。互联网并不是一个单一行业，消费、娱乐、教育、医疗等行业都以互联网为载体。本质上，线上行业和线下行业的周期完全同步，只不过随着互联网和移动互联网的普及，有一个爆发式增长的阶段而已，当主要的人群被覆盖，用户数不再高速增长时，互联网行业会与线下行业同周期。

至于一些看上去周期不那么明显的行业，根据行业特点，也有自己的周期。比如公用事业，虽然经营层面上的周期性很弱，但是对于股东来说，公用事业股有资本开支的周期，这个周期直接影响公司的即期收益。

理论上，医药行业和必需消费品行业是为数不多的弱周期行业。但是A股的情况有所不同，大部分医药企业实际上是化学品制造企业，没有技术壁垒，导致行业的产能不可控，加上民生领域的强监管，政策周期也不容忽视。必需消费品的周期性确实较弱，如矿泉水和牛奶，但市场中此类标的很少。

A股市场上还有一个独一无二的行业——白酒行业。以贵州茅台为例，几十年来茅台酒持续涨价，一直处于景气周期。但实际上，低端白酒等同于普通的非必需消费品，随着宏观周期而波动；而高端白酒如“茅五泸剑”[①]等，它们的周期在于库存周期，不是酒厂的库存，而是社会库存和经销商库存，加上高端白酒尤其是茅台具有金融属性，会把这个周期拉长、拉大。如果某一天上述因素出现共振，估值波动的幅度也是很可观的。

2. 从周期的视角看股票

站在投资的角度，我们主张用周期而不是用价值看待所有的行业和股票。历史上的大牛股，与其说是价值投资，不如说是景气周期投资更准确一些。

例如，海运价格受造船产能和海运需求的影响，平均以十几年为

① 茅台、五粮液、泸州老窖、剑南春。

一个周期，相关的股票价格也会随着行业景气周期而剧烈波动。2020年6月到2021年6月，海运价格大涨，海运业进入景气周期，中远海控的股价也同步上涨，从3.14元涨到了33.4元，一年时间增长了近10倍，成为当年的大牛股；2021年下半年，海运价格下滑，中远海控的股价也同步下跌（见图2-4）。

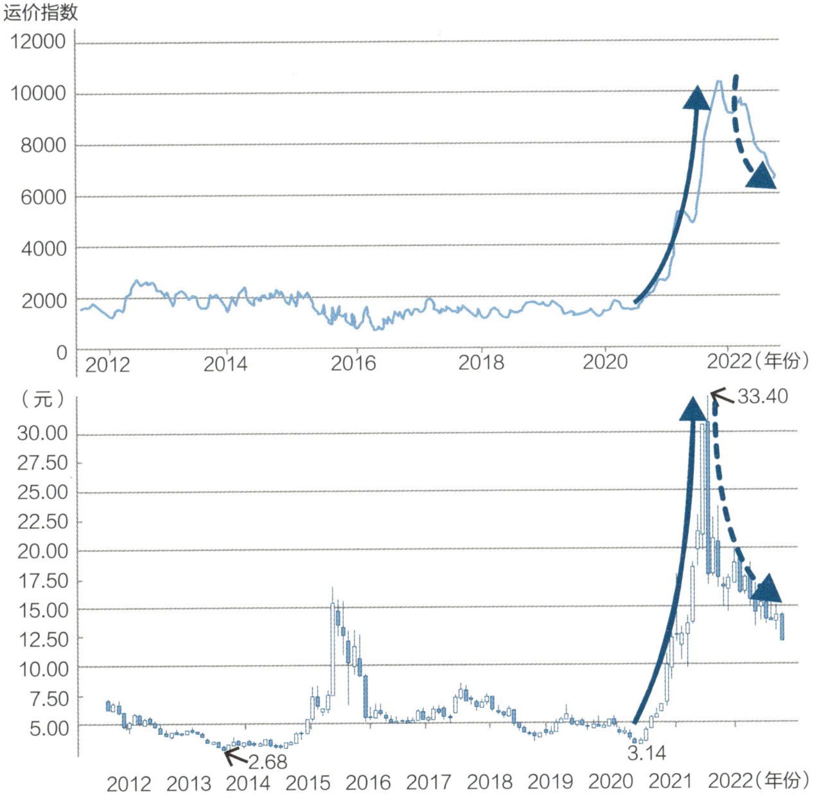

图 2-4　2012—2022 年集装箱运价指数与中远海控月 K 线走势对比

资料来源：德路里（Drewry）咨询机构。

中远海控的财务数据相对于海运价格有一定的滞后性。如表2-1所示，在2022年中报的时候，中远海控的营收和净利润取得历史最好成绩，同比分别增长51.36%和74.46%，但股价相比2021年的高点，已经下跌超过60%了。

表 2-1　2018—2022 年中远海控主要经营数据

项目	2022年中报	2021年中报	2020年中报	2019年中报	2018年中报
营业收入（亿元）	2107.85	1392.64	740.53	721.01	450.75
同比增长（%）	**51.36**	88.06	2.71	59.96	3.70
净利润（亿元）	647.22	370.98	11.37	12.37	0.4079
同比增长（%）	**74.46**	3162.31	-8.09	2932.76	-97.81

中远海控的例子说明了一个非常重要的道理，即**市场里的定价权资金，并不是盯着企业的财务数据来操作股票的，而是盯着景气周期来操作的。**

从企业历史的盈利数据，线性外推企业未来几年的盈利数据，往往是不准确的；即便测算准了盈利数据，股价也未必与盈利数据同步。这正是价值投资的难点之一。

因此，从价值的角度，我们难以找出未来的大牛股，能找到的多半是已经兑现价值的；只有从周期的角度，我们才能找出未来的大牛股。**判断一个行业景气度已经上升而且可持续，但股价还没有作出充分反应，才是找出未来大牛股的基本逻辑，**也是市场上非常重要的投资方法论。

基于周期构建大类资产轮动策略

1. 美林投资时钟理论

股票、债券、商品等大类资产各有周期，投资者能否基于周期构建策略，对大类资产进行择时，总是买到大类资产价格上升的那一段呢?

著名的美林投资时钟理论就是这个思路。美林投资时钟理论把经济发展分为衰退、复苏、过热和滞胀四个阶段，这四个阶段分别配置债券、股票、商品和现金（见图2–5）。泽平宏观团队的回测结果显示，1973年4月至2004年7月，在美国按美林投资时钟理论配置大类资产，其年化收益率可以比其他资产高出约10%。

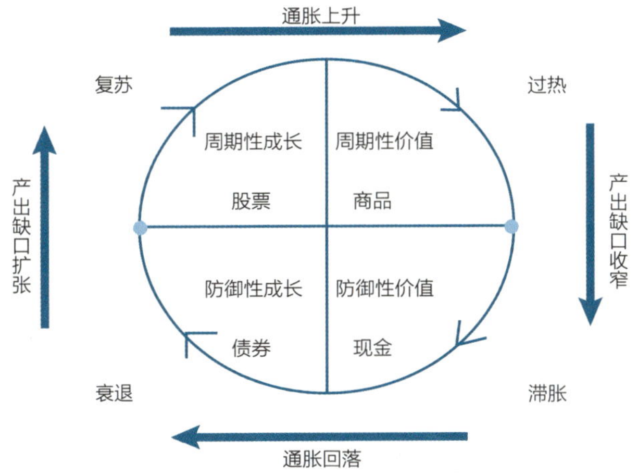

图 2–5　美林投资时钟理论

资料来源：美林证券。

但是美林投资时钟理论在中国的实践效果并不佳。泽平宏观团队检验了自2002年12月至2020年9月的情况，国内一共经历了33个经济周期。在每一个周期，若按美林投资时钟理论来配置资产，胜率最高就只有一半，比盲投还差。原因在于我国经济持续高速增长，行政干预经济的力量又比较强，在很长一段时间内，我国基本处于复苏和过热的轮动阶段，没有衰退和滞胀什么事儿。

2. 看懂周期，你也可以做大类资产轮动

其实，从投资实战的角度，投资者并不需要机械地套用那些看似完美的理论。股、债、商品各有其驱动力，其价格或者估值也可以进行评判，投资者完全可以作出资产配置的决策，在大类资产之间进行轮动。

股票周期由流动性、估值、业绩展望、市场情绪和重大事件五个因子决定，本章“从五个维度判断大盘周期”一节将详细介绍判断股票周期的框架。基准利率是判断债券周期极为重要的指标，我们可以通过经济发展速度、CPI（居民消费价格指数）和PPI（生产价格指数）指标、社融增速[①]等大体判断国家后面的加减息动作。大宗商品周期取决于该商品的供需平衡状态，通常投资者需要跟踪商品价格，了解商品价格涨跌背后的原因。

从宏观层面判断各大类资产的周期，规避系统性风险，寻找系统

① 社融是指社会的资金融通，也可以说是企业获取的资金。社融增速一般可以反映出向社会注入了多少资金。

性机会，这种投资方法称为“大类资产轮动”，又称“宏观对冲策略”。半夏投资的创始人李蓓就是国内宏观对冲策略的代表人物，近几年取得了非常好的业绩。据李蓓介绍，宏观对冲策略是全球第一大策略，占总资金量的12%，比价值投资的资金还多，索罗斯、达利欧都是宏观对冲策略的代表人物，但在国内，宏观对冲策略还比较小众。

大类资产轮动是完全的自上而下投资，对投资者来说，有两个非常重要的价值：一是不需要研究个股或具体标的，只需要研究宏观经济和行业大事，就可以取得收益，极大地减少了工作量、降低了工作难度；二是大类资产轮动天然就是为了应对系统性风险的，而系统性风险是A股的主要风险，于是，投资者相当于避开了最主要的亏损源。

政策是市场背后的手

宏观政策决定市场走向

很多人都知道，A股市场受政策的影响比较大。图2-6总结了2005—2021年宏观政策对股市产生的影响。

2005年，股权分置改革，国企非流通股股东支付一定对价给流通股股东，取得股票的流通权，消除了市场对国有股低成本减持的顾虑，上证指数从998点涨到6124点。

图 2-6　2005—2021 年政策因素对股市的影响

2009年，为应对美国次贷危机引发的经济下行风险，我国推出“四万亿经济刺激计划”，上证指数从1664点涨到3478点。

2015年，国家提出“大众创业、万众创新”，科技股成为股市的主旋律，带动上证指数涨到5178点。

2015—2016年，为了避免2015年融资盘爆仓风险的再次发生，证监会推出熔断措施，结果接连触发熔断，上证指数跌到2638点。

2016—2017年，证金、汇金等金融机构组织资金入市，市场企稳回升，上证指数涨到3587点。

2018年，国家开始“去杠杆”，在股市清理配资，在银行清理非标理财和同业业务，在房地产市场清理伞形信托和停止货币化棚改，A股开启长达11个月的熊市，跌到2440点。

产业政策主导板块行情

而在行业层面，国家产业政策推动的板块行情就更多了。

国家对新能源板块的大力扶持促进政策，推动硅片、锂电池、新能源汽车等行业的高度景气；农村环保政策，叠加非洲猪瘟、猪肉涨价，推动生猪养殖板块行情大涨；“三道红线”[①]出台，地产行业降杠杆，个别房企“爆雷”，致使房地产板块持续走低；医保控费，医药集采，药价大跌，致使医药板块走熊；“双减”政策推出，取消学科类校外培训，教培行业转型……由此可以看出，政策是市场背后的手。

政策跟踪需要长期坚持

从组织结构上看，中央及地方各层级有4套班子，即党委、人大、政府和政协。中央层面的一些会议对资本市场影响较大，需要重点关注。

党委的会议，比较重要的是中共中央政治局在每年4月、7月、10月和12月召开的季度政治局会议，对季度和年度经济工作进行分析，以及在每年12月召开的中央经济工作会议、中央农村工作会议。另外，规格极高的两个领导小组，即中央财经领导小组和全面深化改革领导小组，会不定期举行会议，议题也非常重要。

人大和政协的会议，比较重要的是每年3月召开的全国“两会”。

---

① 剔除预收款后的资产负债率不超过70%，净负债率不超过100%，现金短债比不小于1。

政府的会议，比较重要的是国务院常务会议，一般每周召开一次。另外证监会、央行等国务院部委召开的会议，也会传递出重要的政策动向。

机构投资者对这些会议都会进行密切跟踪，甚至会逐字比对当年会议和上年会议在措辞方面的区别，以此判断国家政策的变化。个人投资者跟踪这些政策无疑是有难度的，实操价值有限。但是个人投资者只要长期关注和研究政策，就能了解国家层面和行业层面的深层次问题，理解国家解决问题的价值取向和战略思路。**如果建立了这个能力圈，在事件驱动时就会有很大的价值，能够提前预判国家政策，从而获利。**

例如，2019年美国断供华为的芯片，中国半导体产业面临“卡脖子”问题，可以预见国家将出台一系列扶持半导体自主可控的产业政策，芯片制造的相关企业将获得巨大发展机遇。那一年，做芯片封测的长电科技和通富微电的股价涨了4倍，做半导体设备的北方华创、中微公司的股价涨了3倍。

证监会也经常出台关于证券方面的政策。中国股市的定位是融资：从股市发展初期的“为国企脱困”，到后来“为中小企业融资服务”，以及“承担扶贫任务”，再到今天的“支持实体经济”。为了保证一级市场融资功能顺畅，在二级市场，监管部门对上市公司和投资者采取了一种近乎呵护的管理方式。比如涨跌停板、“T+1”交易、异常交易监管、不轻易退市等，防止资本方收割太狠，留下一地鸡毛。

这种呵护会产生一些A股独有的策略，如ST摘帽策略和重整重组策略，选择国资标的，最后成功的可能性比较大，很多牛散就是这么干的，赌的就是国家兜底。

A 股市场优势显而易见

有些投资者经常会抱怨中国股市不成熟、监管不严，认为欧美股市规范，好像去了欧美股市就能挣钱似的。在我们职业投资人看来，这个观点就是一个大笑话，因为A股市场的优势，实在是太多了。

第一，从风险的角度来看，A股周期性明显，每隔几年就会回到原点，给投资者提供低位重仓的机会。反观美股中连涨十几年的股票，风险暴露不出来，你哪里敢重仓呢?

第二，从保护散户的角度来看，A股有涨跌停板和“T+1”交易保护，踩雷了有逃命的机会，不会像欧美股市那样，出现一天跌掉50%~80%的情况。此外，A股退市较少，重组重整多，再差的股说不定也有起死回生的一天；美股就不一样了，踩雷了可以直接归零。

第三，从博弈的角度来看，A股散户多，欧美股市机构多。作为普通投资者，你希望对手盘是散户还是机构呢?

第四，从成交量的角度来看，A股交投活跃，各种策略都有用武之地。要是碰上那种不活跃的股市，如新西兰股市，总共不到200只股票，全部机构控盘，每周价格只波动一丁点儿，投资者要怎么挣钱呢?

职业投资人的圈子里，也有很多人既交易A股，也交易港股和美股。他们的共同认知是，在A股挣钱的难度比外盘低很多。所以，在A

股市场都没有挣到钱的投资者，在其他市场更难以生存，他们应该从自己身上找原因。

流动性带来溢价

追逐热点是A股市场的一大特色，由此，经常会因为流动性好而将相关标的的价格推高，即被高估。当热情退去，流动性回归均值，价格也将随之回归价值。在我们看来，价值等于流动性加上共识。港股市场很多公司被边缘化，不被主流资金认同，经常会因为流动性差，导致价值被忽视。但这种低估的状态，会成为一种很难改变的共识，并不会随着企业业绩的推动而走上价值重估之路。所以，港股投资一定不能按照财务指标刻舟求剑，而是要投资流动性有保障的标的。

流动性好伴随溢价，流动性差伴随折价。这是资本市场一个普遍的规律，由供求关系决定。在不同的场景下，这个规律会有不同的体现。

追逐热点就是在钢丝上跳舞

很多A股投资者选股票的初选条件就是活跃、关注度高。因为是热点，上涨的因素被充分渲染，成交量大，让人感觉背后有庄家操作；波动大，则让人觉得机会无限。我们想告诫投资者的是，这种惯性思维会让你输在起跑线上。

股民常常调侃A股的“昨曾涨停”的指数，即由前一日涨停过但没封板的股票组成的组合，该指数在很短的时间内就一路下跌，逐步归零了。也就是说，如果你选择的股票都是被高估的，那么平均下来一定呈价值回归的态势。

抓住流动性改善带来的结构性机会

细分市场如果有政策性推动带来根本性的流动性改善，就会蕴藏巨大的价值重估的机会。

以新三板为例。新三板设立精选层，继而成立北交所，由此带来了基础层、创新层、精选层的全面阶段牛市。有的投资者抓住了这次机会，建仓了新三板一揽子股票，并起了个形象的名字“小溪来水”，就是说新三板本来是一条干涸的小溪，突然水流进来，整个河床都会被水漫到，所有的股票都存在机会。

如图2-7所示，2021年9月，短短一个月时间，新三板整体市场估值得到大幅拉升，而随着时间的推移，流动性归于平淡，估值又逐级回落。

再以可转债为例。可转债市场逐步成为上市公司再融资的主要渠道，也因为天然的债性防守优势，逐步吸引越来越多的投资者参与其中。2020年以来，关注可转债市场的资金越来越多，流动性持续改善，催生了可转债的阶段牛市。同时，资金活跃带来可转债投资生态的多样化，孕育了不同的投资机会。从图2-8就能看出，可转债平均价格和成交量都稳步提高，达到了一个新的水位。在流动性没有萎缩的情况下，相信可转债会维持在一个相对较高的估值水位。

图 2-7 2020 年 11 月—2022 年 10 月三板成指（899011）周 K 线

图 2-8 可转债等权指数走势

资料来源：集思录。

警惕流动性萎缩带来的系统性风险

宏观因素或制度设计可能会造成某个细分市场的流动性阶段性萎缩，进而对整个市场的估值产生持续性、实质性的负面影响。

比如，现在B股逐步边缘化，同样是在国内上市的一家公司，同股同权，但因为流动性差异，长期与A股存在巨大估值差，且因为没有转股机制，估值差也无法收敛（见表2-2、表2-3）。

表 2-2　同一家上市公司 A 股与上海 B 股情况对比

上海B股代码	名称	每股价格（美元）	A股代码	名称	每股价格（元）	比价（A/B）
900915	中路B股	0.928	600818	中路股份	30.16	4.66
900906	中毅达B	0.522	600610	中毅达	16.9	4.64
900934	锦江B股	1.986	600754	锦江酒店	55.95	4.04
900941	东信B股	0.422	600776	东方通信	9.94	3.38
900916	凤凰B股	0.406	600679	上海凤凰	9.4	3.32
900946	天雁B股	0.241	600698	湖南天雁	5.28	3.14
900917	海欣B股	0.346	600851	海欣股份	7.48	3.1
900902	市北B股	0.272	600604	市北高新	5.39	2.84
900927	物贸B股	0.498	600822	上海物贸	8.64	2.49
900921	丹科B股	0.219	600844	丹化科技	3.6	2.36

资料来源：东方财富网。

注：此处仅列举 10 家上市公司。

表 2-3　同一家上市公司 A 股与深圳 B 股情况对比

深圳B股代码	名称	每股价格（港币）	A股代码	名称	每股价格（元）	比价（A/B）
200058	深赛格B	1.93	000058	深 赛 格	8.14	4.71
200029	深深房B	2.96	000029	深深房A	11.87	4.48
200017	深中华B	1.43	000017	深中华A	5.54	4.33
200625	长 安B	3.75	000625	长安汽车	13.85	4.12
200020	深华发B	2.82	000020	深华发A	10.24	4.05
200056	皇庭B	1.39	000056	皇庭国际	4.93	3.96
200037	深南电B	2.58	000037	深南电A	8.31	3.6
200505	京粮B	2.9	000505	京粮控股	9.05	3.48
200530	冰山B	1.68	000530	冰山冷热	4.85	3.22
200869	张裕B	11.68	000869	张裕A	30.61	2.93

资料来源：东方财富网。

注：此处仅列举 10 家上市公司。

又如，随着美联储持续加息，强势美元让全世界的热钱流向美国，对美国之外的资本市场产生了不小的影响。港股作为全世界自由流通的市场，深受其影响。美元兑人民币的汇率从2022年初的6.3飙升至2022年11月的7.3左右，美元升值幅度约16%左右（见图2-9）。与此对应的是恒生指数一路下跌，创出近十年新低（见图2-10），可见流动性的影响巨大。

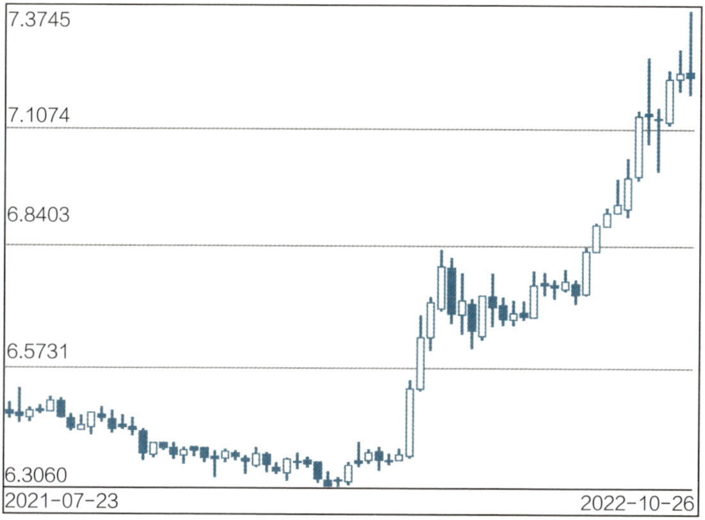

图 2-9　美元离岸人民币周 K 线

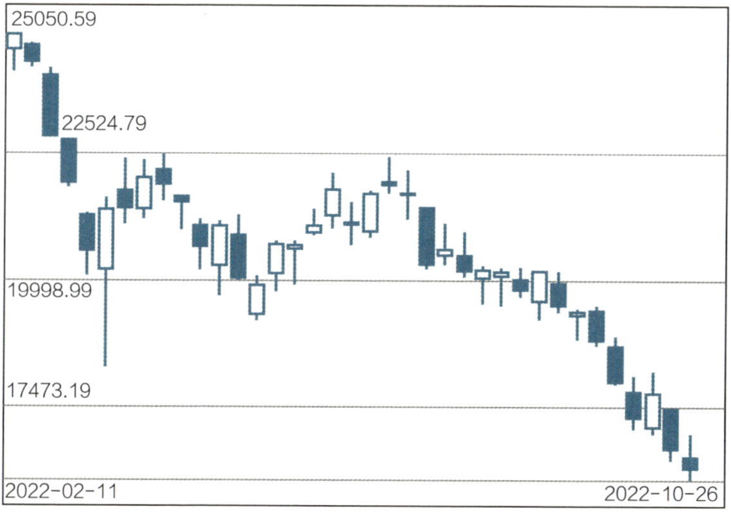

图 2-10　2022 年恒生指数周 K 线

从五个维度判断大盘周期

研究大盘靠谱吗?

在解答这个问题之前，先给大家讲一个故事。

大概十年以前，我（资水）去某券商研究部应聘分析师。当时面谈的研究部总经理问我主要从事哪方面的研究，我回答在研究大盘。总经理也没继续问我研究大盘的哪些东西，就直接下结论说："影响大盘的变量太多，研究大盘是不靠谱的，我们做卖方的，主要是把行业和企业研究透彻。"

我最终没有被录用。我通过朋友打听到的原因是"有些错误的理念可能影响研究的客观性"。总经理的后半句话是对的，站在卖方的角度，研究部对买方的价值就是针对行业和企业提供清晰、准确的数据和逻辑。但总经理的前半句话"研究大盘是不靠谱的"，我一直不能认同。这些年随着自己在市场上实战经历的丰富，通过判断大盘，我基本上做到了抄大底、逃大顶，这也是我每年不亏的关键原因。时至今日，我有底气说一句："看清大势是作出所有决策的前提，判断大盘是可行的、靠谱的。"

我通过对大盘和个股的相关性进行统计分析发现，2018年以前，虽然大盘和个股在涨跌幅度上相差很大，但在周期上，个股和大盘同涨同跌，相关度高达95%！也就是说，大盘涨，95%的股票涨；大盘跌，95%的股票跌。2018年后，机构抱团加剧，把一个个板块打得很高，如白酒板块、医药板块、生猪养殖板块、芯片板块、新能源板块等，行业板块的权重大大增加。集思录网友“ylxwyj”对2016—2021年钢铁行业个股的影响因子进行定量分析，发现其与大盘的相关性为62%，与钢材价格的相关性为27%。基于这些新的变化，我们对大盘、行业和个股的相关性进行调整，可以得到个股涨跌公式：

个股涨跌 = 大盘 × 60% + 行业 × 30% + 个股 × 10%

投资者搞懂了大盘周期和行业景气度，就做好了90%的功课。如果把投资比作登山，大盘周期就是天气，行业景气度就是路况，个股就是登山者。虽然强壮的登山者可能会无视天气和路况，强势登顶，但这样的人能有几个？我们更愿意把宝押在晴朗的天气和正确的道路上，在这样的条件下，即便是平庸的登山者也能爬得很高。

如何判断大盘走势？

影响大盘的变量有很多，但研究大盘是有方法的。2008年大盘指数1800点的时候，国泰君安从历史PE/PB、流动性、成交量等方面总结了8条理由，认为大底已到，后来上证跌到1664点见底；2022年5月，半夏投资的创始人李蓓发文《做多A股，买入中国制造》，准确预测了A股的拐点。

对于大盘的判断，我们也总结了一个大盘涨跌公式：

大盘涨跌 = a1 × 流动性 + a2 × 估值+ a3 × 业绩展望 + a4 × 市场情绪 + a5 × 重大事件

通常地，大盘的涨跌要综合考虑资金流动性、市场整体估值、业绩展望、市场情绪和重大事件五方面因素，各因素的权重系数根据不同的时间进行动态调配。其中，资金流动性是影响大盘涨跌的最重要的力量；市场整体估值是机构进行大类资产轮动时的重要参考数据，其统计数值在判断大底和大顶时比较准确；将大盘笼统划分为若干个板块，判断各个板块的业绩展望，可以综合得出大盘的整体多空力量；市场情绪则用于观察和判断资金的意图和动态，在择时过程中很重要；重大事件没有发生时，对大盘涨跌的权重为0，一旦发生，短时间内对大盘涨跌起到决定性和唯一性的作用，如俄乌战争、新冠疫情这样的事件。

最后是用技术分析验证对大盘走势的判断。价值派可能不相信技术分析，但我们并不排斥技术分析。我们认为，股市里的所有方法，都有其适用场合和适用时机，都是有价值的。对大盘有了自己的判断后，再用技术分析来验证，非常有效。

对大盘走势的判断，肯定做不到一步到位，而是“预判—出现偏差—分析新变量—调整判断”持续迭代的过程，随着对大盘的底、顶和运行方向的判断逐渐准确，最终我们能够实现“躲过系统性风险，抓住系统性机会”。

1. 流动性

资金流动性是大盘走势最重要的驱动力。简单地说，市场上的钱多了，股市就涨；钱少了，股市就跌。判断大盘走势，首先要考察流动性。

衡量流动性的标准指标，是M1同比增速-M2同比增速（简称“M1-M2”）。其中，M1是狭义货币，即现金+活期存款；M2是广义货币，即M1+定期存款+证券保证金等。如果M1增速大于M2增速，意味着活期存款增速大于定期存款增速，企业和居民交易活跃，流动性增强；反之，如果M1增速小于M2增速，表明企业和居民选择将资金以定期的形式存入银行，流动性减弱。M1-M2与上证指数的对比如图2-11所示。

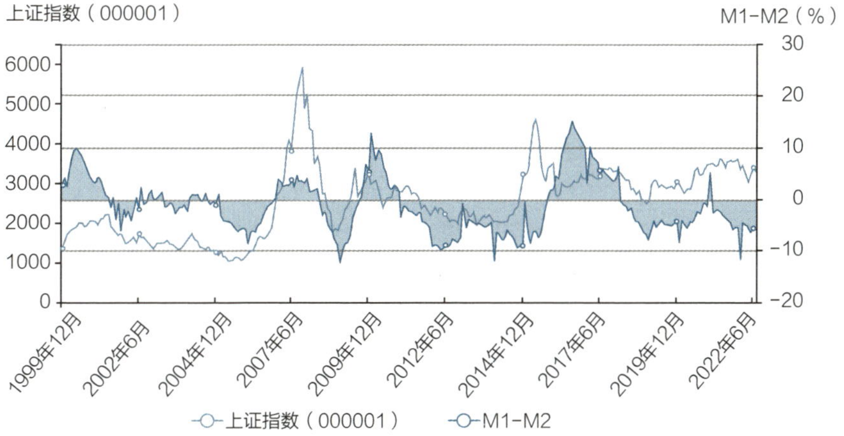

图 2-11　1999 年 12 月—2022 年 6 月上证指数与 M1-M2 对比

不难看出，大部分时间M1-M2走势与上证指数走势都有极为明显的正相关性。从1999年12月至2022年6月，去掉几个极端情况，M1-M2的剪刀差在-15%~15%波动。当剪刀差向下波动，达到-8%时，表明股市离底不远；而当其向上波动，超过8%之后，表明股市离顶不远。

在实际应用中，M1-M2不太直观，我们一般用市场无风险收益率来衡量流动性，如10年期国债收益率、银行理财收益率等。以10年期国债收益率为例（见图2-12），其收益率大体在2.5%~4.5%波动，收益率低于2.8%时表明流动性充裕，收益率高于3.8%时表明流动性紧缩。

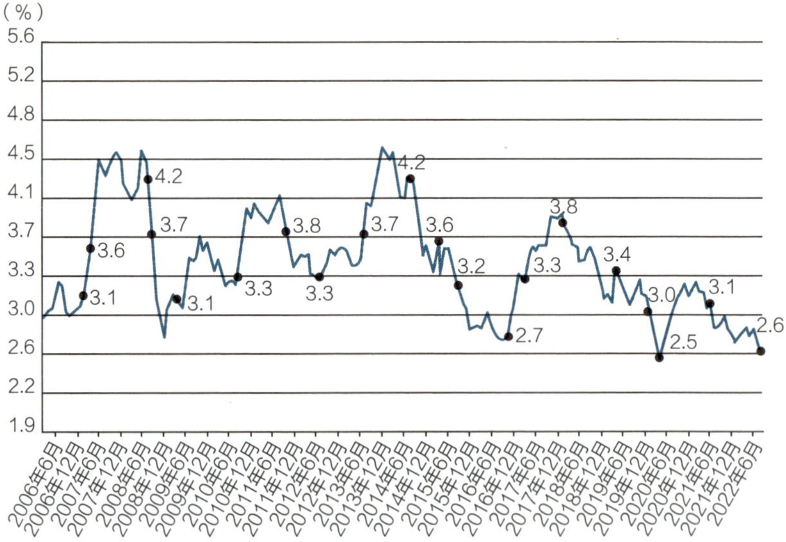

图2-12　2006年6月—2022年6月10年期国债收益率

甚至，我们可以更粗放一点，纯粹从定性的角度来评估流动性，货币政策宽松就是流动性宽裕，如2008年的“四万亿经济刺激计划”；货币政策紧缩就是流动性紧缩，如2018年的“去杠杆”（见图2-13）。之所以采用定性的方法，是因为定性比定量重要，即知道未来是宽松还是紧缩比较重要，这已经决定了未来大盘的运行方向了，至于宽松到什么程度或紧缩到什么程度，相对来说没有那么重要。

图 2-13　两种货币政策对应的大盘走势

这一视角在欧美股市同样适用。2020年4—5月，新冠疫情在海外大规模暴发，欧美国家经济陷入短期停滞，股市暴跌。为了对冲经济危机，欧美国家纷纷开启量化宽松，美国甚至直接给居民发放补贴，而后欧美股市都创出新高。2021年开始，美国进入连续加息周期。2022年，美国股市终于结束年线的12年阳，进入熊市。

2. 估值

流动性是一个动态的概念，表示大盘运行的方向；估值是一个静态的概念，表示大盘所处的水位。显然，方向比水位更重要。

对于大盘股，如沪深300，从2010年中期以后，其市盈率就一直是窄幅震荡，在8~19倍波动，与2010年前动辄12~50倍的宽幅震荡完全不可同日而语（见图2-14）。可以说，从估值的角度判断大盘股的高低，参考价值已经很小。

图 2-14 沪深 300 加权市盈率

这是因为A股持续扩容，从2000多只股票增加到了4000多只，总市值也持续扩大。同样的成交量，以前在小池塘里能掀起大浪，现在在大湖里只能泛起涟漪。

小盘股的估值仍然呈现宽幅震荡，中小综指的市盈率波动范围是20~70倍，中位数是45倍左右（见图2-15）。于是，我们可以用中小盘的估值来评估市场水位。大体上，中小盘的市盈率跌到30倍以下，可以认为市场被低估；涨到60倍以上，可以认为市场被高估。

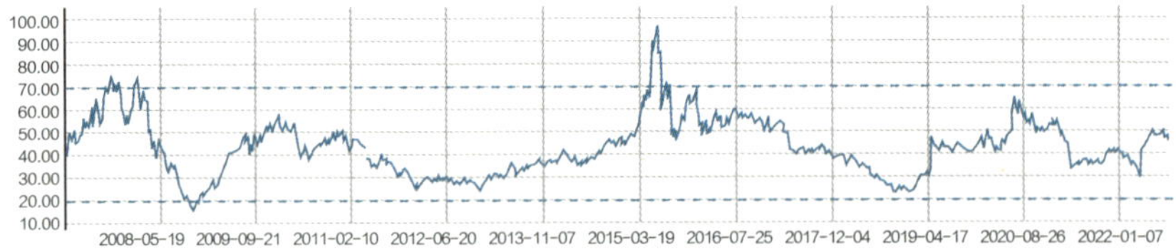

图 2-15 中小综指加权市盈率

以往有一个大类资产轮动的方法，即拿股票平均市盈率的倒数与其他大类资产的收益率进行比较，来决定是否轮动。比如沪深300的市盈率是16倍，其倒数是1/16 = 6.25%，债券基金平均收益率是5.8%，那么此时股票的收益率比债券更高，资金应该更多地配置在股票上。但这个方法随着大盘股估值波动变窄和大小盘估值分化，效果也不是很理想。

我们将估值应用于对大盘的判断，其核心价值是，当估值出现极值时，可以预见大盘即将出现逆转，这个统计规律是非常有价值的。举例来说，2016年初，恒生指数的估值已经达到2008年的低点，后续向上的概率比向下的概率大得多，具备极佳的风险收益比，其后一年恒生指数涨了70%。2022年9月，恒生指数跌破了2016年的低点，后市如何，我们拭目以待。

3. 业绩展望

想要概括出A股全部股票的总体业绩是向上还是向下，是十分困难的。正确的方法是对A股进行解构，即先把A股股票分成几个大类，对每个大类进行业绩展望，然后拼成A股整体的业绩展望。

按申万2022年9月的数据，我们将申万31个一级行业分成七个大类，大金融（18.37%）、大科技（10.31%）、大消费（18.57%）、大新能（12.11%）、大周期（26.15%）、大医药（6.42%）、大公用（8.07%），其中括号里的数字是该行业市值占A股流通市值的比值（见图2-16）。这个分类是我们自己总结的，并不权威，如汽车行业既属于大消费也属于大周期，只是近两年新能源是大热点，于是我们把汽车行业拉出来与新能源发电一起划为一类，叫大新能。读者朋友也可以自己进行分类。

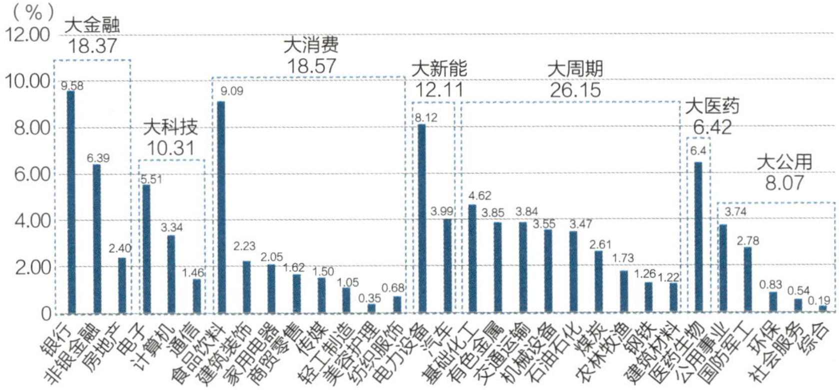

图 2-16　A 股各行业市值占 A 股总市值（流通市值）比

比如，在某一个时点，我们大概判断大金融、大科技、大公用的业绩展望是持平，大消费因新冠疫情而向下，大新能因行业进入景气周期而向上，大周期因全球经济衰退而向下，大医药因碰上美国打击CXO（医药外包服务行业）而向下。根据各板块的权重值，我们可以大概判断A股整体的业绩展望是向下的。

这样的估算不是很精确，但对个人投资者而言，不失为一个快速且直观地估计A股总体业绩的方法。

4. 市场情绪

市场情绪就是大家对市场的一种感觉。这种感受如果只分成两种，就是冷和暖，再细分的话，又可以分出冰点、高潮等。这种感受是投资者的主观感受，有人试图用量化指标来描述市场情绪，如通达信涨跌家数指标、昨日涨停的数量和连板数量等。机构干脆用风险偏好来描述市场情绪，主要考察的是估值。情绪偏暖，估值给得高；情绪偏冷，估值给得低。

我们主张对市场情绪进行主观的、模糊的处理，即市场情绪就是投资者本人感受到的情绪，模糊地判断这段时间是冷还是暖即可。

情绪暖，就是任何消息都算利好，市场热点此起彼伏，热点持续时间长，市场成交量大，游资到处出没。

情绪冷，就是任何消息都算利空，市场热点持续时间短，涨一个板资金就着急兑现，市场成交量低迷，游资好长时间也不折腾一下。

另外，游资是市场中最敏锐的资金，跟踪游资动态，可以较准确地捕捉到市场情绪的转换。比如游资经常活跃在可转债、ST股票、北交所等小市值板块，在大盘持续下跌后，如果游资突然在某个板块发动，那么大盘有很大的可能性会止跌企稳一段时间，这在做超跌反弹时是非常有效的策略。

5. 重大事件

重大事件都是突发的、难以预测的，绝大部分投资者都来不及反应。但是在大事发生以后，投资者可以预判事件的发展变化，从而获利，这个策略叫作“事件驱动”。本书会有专门的章节介绍这个策略。事件驱动考验的是投资者在哲学、社会、经济、管理者价值观等方面的深刻理解和认知。

2020年4—5月，新冠疫情在全球暴发，全球股市暴跌。就在5月海外疫情最恐慌的时刻，我（资水）重仓了德国30 QDII（513030），大赚了一笔。这是因为我信奉一个哲学理念——“人定胜天”，即每次碰上天灾人祸，组织起来的人类是世界上压倒一切的、最伟大的力量，我相信疫情被克服只是时间问题。

本节，我们介绍了职业投资人判断大盘周期时考虑的五个维度，实际上，判断大盘周期是一项实践活动，需要投资者自己去尝试和体会，得出自己的判断。如同游泳一样，虽然别人讲了游泳的手部动作、腿部动作和呼吸换气，但我们仍需要在水里操练很久，才能学会游泳。

从“价量齐升”判断行业景气度

只需一眼便可辨别景气度的指标

判断行业景气度是一个巨大的课题，也是价值投资的核心内容之一。证券公司有专门的投研团队研究各个行业，而每个行业都有各自的关键指标、上下游格局和业绩驱动因素。以光伏行业景气度为例，有的投资者构建一个指标跟踪库，包括国内装机月度增速、光伏组件出口月度增速、光伏产业链上下游价格指数、同行产能扩张进度、行业重大政策等，每周定期进行观测，通过高频数据跟踪行业景气度。

要搞懂一个个行业，是一项费时十数年的浩大工程，很多价值投资者终其一生都在学习和研究行业知识。对于不具备该行业深度知识的普通投资者，有没有什么指标，只需一眼就能大概判断行业的景气度是向上还是向下？

有的，那就是“价量”，即产品的价格和销量。

以A公司为例，2021年其营收1145亿元，净利润102亿元。假设A公司销量增长10%，对应的营收、营业成本、四大费用同比增长10%，其他减值项和投资收益不变，测算净利润为113亿元，同比增长10.7%；假设A公司的产品价格增长10%，营业成本不变，四大费用因加大投入同比增长10%，测算净利润为175亿元，同比增长71%（见表2-4）。

表 2-4　2021 年 A 公司销量和产品价格上涨后的经营数据

项目	年报数据	销量增加10%	产品价格增加10%
营收（亿元）	1145	1259.5	1259.5
营业成本（亿元）	741	815.1	741
税金（亿元）	8	8.8	8.8
销售费用（亿元）	87	95.7	95.7
管理费用（亿元）	54	59.4	59.4
研发费用（亿元）	108	118.8	118.8
财务费用（亿元）	20	22	22
资产减值（亿元）	15	15	15
信用减值（亿元）	3	3	3
投资收益（亿元）	15	15	15
营业利润（亿元）	124	137	212

续表

项目	年报数据	销量增加10%	产品价格增加10%
所得税（亿元）	22	24	37
净利润（亿元）	102	113	174.2
净利润增长率（%）	—	**10.7**	**70.8**

注：部分数据为四舍五入后的结果。

产品价格和销量是一家公司最核心的财务指标，对利润的影响非常显著。尤其是产品价格，产品涨价10%，利润增长超过70%！所以我们把产品价格叫作“7倍因子”。

当然，在不同行业，产品价格对利润的影响是不同的，取决于该行业的毛利率。毛利率越高，产品价格对利润的影响越小；毛利率越低，产品价格对利润的影响越大。上述A公司的毛利率是35%，处于制造业的一般水平，如果换成贵州茅台，其毛利率高达92%，产品价格只是利润的1倍因子。

对于以销售产品为主的行业，产品价格和销量可作为判断该行业景气度的关键指标。**价量齐升，行业进入景气周期；价量齐降，行业进入萧条周期；价量一升一降，行业处在景气周期和萧条周期的切换中。**

涨价的威力

以锂化工产业为例，受新能源汽车强劲需求的影响，锂化工产业呈现价量齐升的局面。量的方面：2019—2022年全球碳酸锂需求量分别为33.16万吨、36.8万吨、49.1万吨和70万吨，预计到2025年全球市场需求会达到150万吨碳酸锂当量[①]。价的方面：国内碳酸锂价格从2021年7月的9万元/吨涨到2022年11月的59万元/吨（见图2-17）。锂化工产业进入景气周期，相应的股票也大幅上涨，如天齐锂业、赣锋锂业等，涨幅近10倍。

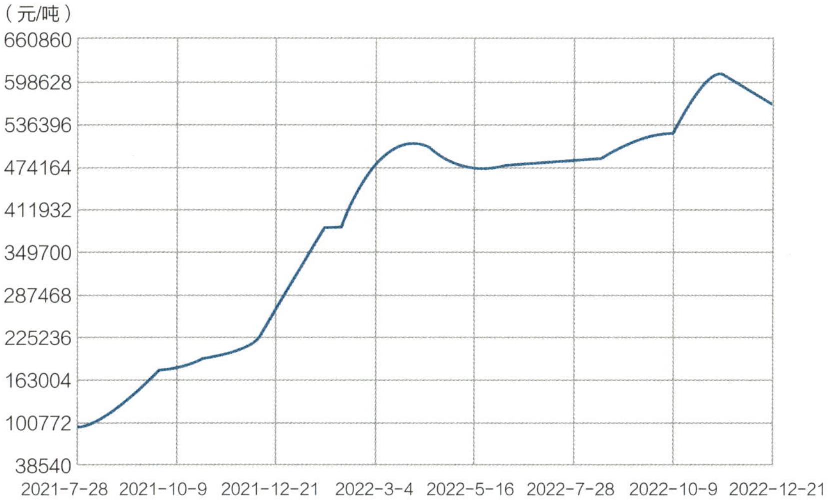

图 2-17　2021 年 7 月—2022 年 12 月电池级碳酸锂价格走势

资料来源：生意社。

另以白酒行业为例，国家统计局数据显示，中国白酒年产量从2017年的119.8亿升，逐年下降到2022年的67.1亿升。白酒行业整体或许已进入萧条期，但以贵州茅台为代表的高端白酒，价量齐升，几十年来一直处于景气周期（见图2-18）。

① 数据来源：赣锋锂业2021年年报。

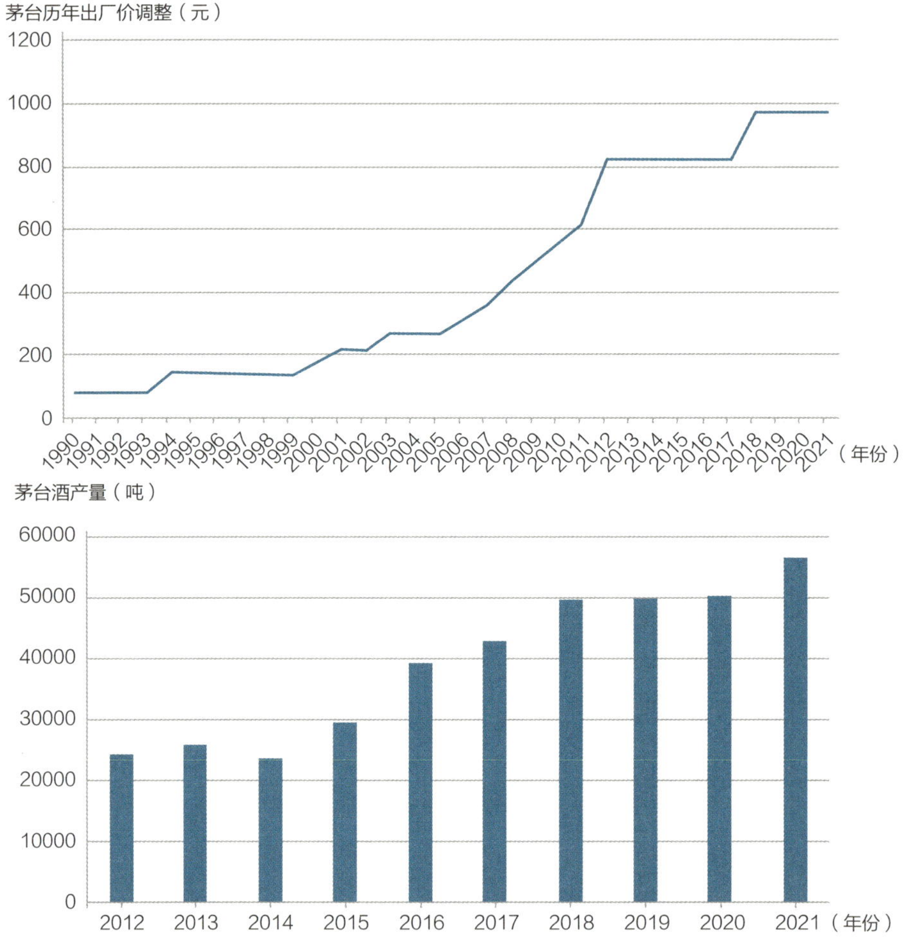

图 2-18　价量齐升的贵州茅台

专业投资者对产品价格的变动是极其敏感的。有一部分牛散专门做涨价题材，长期跟踪某些产品价格，密切关注价格变化的持续时间和背后的原因，通过判断行业景气周期来投资。

如果我们搜集股票上涨的原因，向专业投资者提问：“股票为什么上涨？”会得到七八条答案，其中必然有一条答案是：

它在涨价。

变化比估值更重要

为什么估值没有那么重要？

大部分投资书籍都会讲估值，估值很重要。但是，与大多数投资者的认知相反，估值并不是一个需要反复看、仔细算的东西。比如经典的“未来自由现金流折现”，那是书本上的概念，吹牛用的，拿到实际中并不好使，也没有见到谁真正采用过。企业的生老病死如此频繁，怎么能把企业当成静态事物进行研究呢？职业投资人对于估值只粗粗地看“两眼”，第一眼看股价是贵了还是便宜了，即一眼定胖瘦；第二眼看估值是否达到了历史极值，达到历史极值，行情就可能反转。这样做，有三点原因：

第一，估值是静态水位，不指明方向。任何一只股票或者ETF，其估值都是一个范围，只是说明当前股价在估值表中的水位，并不说明方向。比如医药某细分行业的历史估值是40~100倍市盈率，某医药股当前估值是90倍市盈率，只能说明它相对高估，并不能说明它就要下跌。事实上，2020年基金抱团医药股，可以把某些医药股的估值打到150倍市盈率甚至更高，远超历史极值。

第二，估值说明的是企业现状，不是企业变化。以房地产行业为例，2020年很多房企的前瞻市盈率[1]达到了2.5~3倍市盈率。不管在哪个行业，2.5倍市盈率都低估得令人发指了，相当于企业两年半的盈利就可以买下自己。投资者如果只看到低估值就往里冲，后面两年，房企高杠杆的风险大面积暴露，有些房企的股价跌去90%甚至长期停牌，就会面临血本无归的境地。

第三，在A股，定价权资金可以长期让估值处于偏离状态。A股缺乏足够的做空机制，定价权在多头手里。基金抱团可以把白酒、医药、新能源等行业的估值推到天上，突破历史极值，并可以在相当长一段时间内维持高估值。

所以投资者其实并不需要太看重估值，更值得关注的是变化。

这是基于有效市场理论，即假设当前股价及时地、充分地反映了价值。人们一般认为，欧美股市是强有效市场，中国股市是弱有效市场，因为中国股市缺乏足够的做空机制，行政干预的力量又比较强，价格未必能及时反映价值。我们认为需要细分地看问题，对于A股的大盘股和ETF基金，参与的资金来源比较多，成交量也很大，股票定价大体上是有效的；对于小微盘股，成交量小，股票定价则往往是无效的。

所以，大部分情况下，假设现在的股价是合理的，投资者只需要

---

① 前瞻市盈率是房地产行业特有的估值法，即卖房的钱当年已经收到了，但是会计准则要求等到一两年后交房了才计入营收。前瞻市盈率=市值/当年卖房盈利。

关注有什么新的变化出现，进而判断股票未来的走势，就可以迅速抓住主要问题。

哪些变化需要特别关注？

第一，资金进出信息。资金的变动永远是股市变化的第一信号。我们要寻找变动背后的原因，定位到具体的因素。职业投资人一般对资金变动是极其敏锐的，观察大盘和板块中资金的进出，能模糊判断未来行情的大概走势。

第二，宏观政策和行业政策。这关系到股票投资的环境变化，往往是市场中长期走势的决定性因素。前文已有详细描述。

第三，价量信息。影响产品价格和销量的信息，关系到下一期财务报表数据，自然是要密切关注的，包括产品价格走势、行业供需关系、库存和产能变化等信息。

第四，股权变化信息。股权变化意味着最清楚企业经营状况的人有动作，以此为切入点可以挖出企业基本面的深层次信息。另外，对于绩差股，国资入股往往被市场解读为风险解除。

第五，切入新领域。尤其是经营较差的企业，切入锂电、光伏、防疫等风口行业，股价往往能获得巨大的涨幅。

还有其他很多变化信息，不一一举例。投资者在搜集整理信息的时候，需要进行简化提炼，用一两句话把变化和影响说清楚，例如：

新冠疫情导致海外生产停滞，海运需求大增，海运价格将大涨

6倍，中远海控的年利润将翻9倍（2021年）。

“变化—影响—业绩—股价”是一个逻辑链条，即跟踪变化，推断影响，测算业绩，最后观察股价的变化，我们把这个方法论叫“积累因果”。积累的因果多了，只要发生一点什么事件，就能够立刻推演出后面的演化，从而提前布局，躲避风险。很显然，积累因果是投资者在股市的重要历练。

知道未来，才能在当下盈利。

技术分析的本质是多空力量的对比

技术分析的问题

技术分析是股票投资的一个大流派，几乎所有的投资者都了解过或者尝试过技术分析，但绝大部分人最终都放弃了，修成正果的寥寥无几，历史上靠技术分析成为投资大师的例子也不多。

为什么技术分析如此尴尬？那是因为技术分析有两个问题一直未能讲清楚，不容易被严肃的投资者所笃信：

第一个问题是技术分析的有效性不知道。比如“金叉死叉”“布林线上下轨”“头肩头”等K线形态，“支撑位”“阻力位”，这些耳熟能详的名词，其有效性到底是百分之几十？

第二个问题是从形态到走势的逻辑不清晰。比如顶背离了为什么走势就要下行？又如上升趋势为什么要走三浪五浪？整个逻辑链不清晰，就像鸡叫了天就亮，但鸡叫与天亮之间缺乏严密的逻辑。

本节将试图解释这两个问题，从而分析技术分析的本质。

根据技术指标炒股，将获得市场平均收益

技术分析其实是股市里很容易证伪的方法论，K线就摆在那里，一一验证即可。本书的作者之一资水早期就曾经做过很长时间的手工回测，随机选了二三十只股票，任选一个时点，遮住后面的K线，用均线、MACD、布林线、波浪等制定各种买卖策略，然后把后面的K线一天天放出来，测算整体收益率。测算的结论是，大部分股票都满足：**根据技术指标炒股，将获得股市平均收益。**

就是说，无论采用什么技术指标，如果投资者像计算机一样严格操作，最终的收益率跟持股不动是一样的。例如，投资者在2010年买了上证指数，中间不管用哪个技术指标折腾，到2020年的收益率，应该跟他一直拿着上证指数不动的收益率是一样的，大概就是年化收益率8.5%。

这应该是在数学上可以被证明的结论，因为根据各种技术指标进行操作，比如均线，不管是5日均线、10日均线还是半年均线，其结果应该是一样的，而持股不动其实相当于按无穷大日均线进行操作。

有位投资人叫许哲，他也做了类似的回测工作，得出了同样的结论，写了一篇题为《找一种独特技术指标的组合形成自己的交易系

统，那也是我曾经的梦想》[①]的文章。

这就回答了第一个问题，即技术分析其实是无效的。这个答案其实是可以从逻辑上推理出来的。因为技术分析的门槛是最低的，所有的人都能看到K线图，全国共有2亿投资者，可能有上千万人在寻找有效的技术指标来挣钱。如果某个技术指标是有效的，那么会有无数人用这个指标挣钱，直到把对手盘的钱挣光，然后指标失效。

因此，我们根本不用在意那些貌似有道理的说辞："2445点是前浪低点，是一个支撑位""行情出现顶背离，调整随时到来"，只需要做一个简单的统计，就会知道所谓的支撑位从来就没有成为支撑位，顶背离经常出现，背离之后还有新高。

做回测的时候，你会发现技术分析在有些时间对有些股票是有效的。

比如，技术分析在主升段行情或者主跌段行情特别有效，能抓住所有主升段，躲过所有主跌段，有人以此坚称技术分析是有效的。实际上这是不全面的，因为技术分析在横盘阶段会一直亏钱，在整个上升、横盘、下跌的过程中，整体收益还是约等于市场平均收益。而且，上涨、横盘、下跌阶段的持续时间是后验的，没有什么方法可以预测上涨或下跌的周期。

又如，还是有约30%的股票按技术指标进行操作，收益率显著高于或低于平均收益。这些股票都有一个特征，就是主升浪或主跌浪特

---

① 文章见https：//zhuanlan.zhihu.com/p/19971182。

别长，横盘很短，那么我们有理由相信，在未来的日子里这些股票将陷入横盘阶段很长时间。所以，那些持续涨过一年以上的股票，其实是不应该碰的。收益率显著低于平均收益率的股票也有一个特征，就是横盘很长，底部或顶部横盘的时间长了，自然会有一波大的涨幅或跌幅，这可以用来解释“横有多长，竖有多高”和“久盘必跌”。

用好技术分析

从K线形态的角度看技术指标，只是不靠谱的经验之谈；从统计的角度看技术指标，只能获得平均收益。那是不是技术指标就没用了？我们主张，股市里所有的理论，都有其严格的适用条件，不存在简单的对错，技术分析也是有用的。那职业投资人是怎么运用技术分析的？

第一个用途，回到K线图，**K线图的本质，是买卖双方博弈的轨迹。**

所以，从K线图上提炼的任何信息，第一步结论只能是多空双方的博弈，第二步才是从博弈推演出行情的走势。跳过博弈，直接推演走势，都是逻辑上的跳跃，是不靠谱的。

比如，行情出现MACD顶背离，那就是说行情点位的后一波比前一波高，但上升速度在变慢。从博弈的角度看，说明多方的力度在减弱，第一步的判断到此为止。再往后推演，就要结合当前点位、市场情绪、宏观政策，才能推演出行情是就此下行还是调整一下继续上行。

也就是说，职业投资人看K线，看到的全是多空双方博弈。投资者建立博弈的意识是非常有用的，可以敏锐地捕捉到市场各方力量的动态，为自己的决策提供参考。

第二个用途，利用技术指标进行验证。投资者根据市场各方博弈，判断行情走势，如果技术指标匹配投资者设想的走势，说明投资者对当前市场多空因素的分析是暂时准确的；如果技术指标不匹配投资者设想的走势，说明有新的因子未被投资者考虑到，需要重新调整判断。这种“预判—验证—调整”的迭代模式，能使投资者的判断与市场保持同步。

杠杆必须考虑极限风险

高杠杆的风险

一位相识的私募商品期货基金经理曾亲口讲述他的自有资金在一年时间从100万元增加到600万元，又一夜之间归零的真实经历。如此惊心动魄的故事在高杠杆的商品期货交易中貌似见怪不怪了。快速增值又迅速陨落只因为交易的就是高杠杆品种，满仓再遇到一个极端行情，两个跌停之后就灰飞烟灭了。而实际上从交易一贯平稳到开盘瞬间跌停，就已经没有任何回旋的余地，像极了感恩节前的火鸡每天都快乐地生活，只是一个瞬间，一切就结束了。而同样是这位基金经理操盘的私募基金就没有太大的伤害性，因为私募有风控体系，不允许他做这么高杠杆的事情。风控就是硬性地规避极限风险。

高杠杆交易如同在万米高楼的边缘行走，比的不是跑步能力，而是心态。有人会因为恐高而变得无法正常行走，即便心态和能力都超群的人，也可能遇到飓风这样的“黑天鹅”，身在高处无处可躲，被飓风无情吹下高楼。

如何用好杠杆

杠杆是一个中性的词语，并不是魔鬼，控制不好滥用杠杆才是魔鬼。杠杆的用途可以分为两种形式：

第一种是融资借钱买权益。这种方式较少存在直接爆仓的风险。因为融资制度已经考虑了这个问题，但有可能因为融资杠杆率的问题不得不卖出不想卖的资产，而这往往出现在资产最低估的阶段。经常使用融资杠杆买资产的人，有始终保持高仓位的惯性，仓位一低就不舒服。此时投资者就要理性地考虑杠杆的极限风险，做好心理上和行动上的准备，既要避免在最不情愿的时候交出廉价筹码，也要避免杠杆带来的心理压力过大，从而导致交易变形。

第二种是直接参与杠杆品种，如期货期权及各类衍生品。利用杠杆品种，不仅可以扩大收益和亏损的比例，也可以提供很多策略的可能性。杠杆只是工具，就看如何去运用。参与杠杆品种交易的方式分为单向博弈和对冲套利两种，单向博弈以期货市场为例进行阐述：

2022年3月25日—9月30日，《期货日报》第十六届全国期货（期权）实盘大赛收官。整个赛事总共有86555人参赛，亏损的人数是58307人，亏损的交易者比例达到了67%，不亏的比例约为

33%，这个比例还是略微高于整个市场的比例的。半年时间获胜比例其实不算小，但五年一个大周期，真实的获胜比例就会骤降到不超过5%。

本次比赛分为轻量组、量化组、重量组和基金组，在这四组交易当中：

轻量组的总资金是50亿元，亏损了16亿元，外加手续费7.8亿元，亏损比例是47.6%；

量化组总资金66亿元，亏损了6.5亿元，外加手续费2.3亿元，亏损比例是13.3%；

重量组总资金59亿元，亏损了8.7亿元，外加手续费5.3亿元，亏损比例约为23.7%；

基金组总资金143.7亿元，亏损了12亿元，外加手续费5.3亿元，亏损比例约为12%。

从这组数据中，我们可以发现一个规律，基金组和量化组的风险控制是最好的，整体的亏损比例不超过20%，尽管有亏损，但是他们有更好的资金管理。

而轻量组的亏损比例最高，其中手续费约占整个亏损额的32.8%。这说明了两个问题：一是轻量组交易者的资金管理是失控的；二是短线交易背负着这么高的交易成本，很难在市场中盈利。

从这个例子可以看出：首先，杠杆品种的交易难度是非常大的，大部分人都亏损，钱是被极少数不参赛的强者赚走了；其次，之所以获胜比例这么低，高杠杆是很重要的因素，因为高杠杆对心态的要求成倍增加，所有的分析和判断在巨大的波动下都容易变形走样，怀着急于暴富的心态，往往以亏损收场。

利用杠杆工具做对冲套利，是低风险的模式，绝大多数情况下风险较低且有不错的收益。但对冲套利有近因效应，容易忽视风险，无形中放大风险敞口而不知，著名的长期资本公司就是很好的实例。所以这类交易更要深入考虑极限风险带来的巨大伤害，要留有余地，并及时跟踪纠错。“黑天鹅”无处不在，只有一匹马参加的赛马比赛，胜率再高也不能过分押注，因为这匹马还可能跳出围栏终止比赛!

规则的可兑现性提供了确定性收益

熟悉各个投资品种的规则

交易中，确定性最稳定的来源就是交易品种的规则，因为规则已经被事先写好，不会改变。我们要做的就是了解规则、熟悉规则、利用规则。举几个例子来简单说明:

1. 可转债规则

可转债有很多规则，“下有保底”这个特性就是由其规则决定的。可转债具有债券的性质，进入回售期，回售价格就成为有力支撑，临近到期，债底价格就变成强支撑。在A股市场，散户可买的可转债还没出现过违约的案例，虽然不能保证将来没有，但目前绝大多数可转债都不存在违约的风险。所以对于发行转债的公司，要么还钱，要么转股。这就为投资者提供了比较明确的底部范围，可以有的放矢地投资。

2. 基金规则

基金是规则利用最肥沃的土壤，每个类型的基金都有其特有的规则，已经消亡的分级基金的合并折溢价套利就是利用规则的实例。封闭式基金、开放式基金、QDII基金、LOF基金等，各自有各自的规则，都可以在交易中充分利用，寻找确定性。

3. 金融衍生品规则

金融衍生品如期货、期权。每个衍生品都写好了和链接标的之间的固定规则，无论是从事博弈交易还是从事配对交易，都要对规则非常熟悉。

利用规则构建策略

如何利用规则，提高确定性，继而设计相关策略？这需要从规则的可兑现性出发进行思考。下面分别举几个例子来说明：

1. 利用期货交割规则，构建期现套利策略

股指期货的规则是交割日强制收敛，可以和相关股指组合，构建期现套利策略。商品期货的规则是散户不能进入交割月进行交割，机

构户能进入交割月，但要有现货仓单或相关的手续才能进行交割，还有仓储等其他问题。那么临近交割日，期货和现货的价格不一定收敛，提供不了可靠的确定性。

因为股指期货交割日强制收敛，所以股指期货的期现套利是确定性最强的套利交易之一。例如2015年牛市阶段，股指期货在相当长的时间持续升水，可以做空300指数期货，只要按照300成分股比例购买股票模拟指数，就可以无风险地吃到从期指升水到交割日回归的利润。而2015年熊市阶段，期指大幅贴水，有的券商可以融券卖空300ETF，确定性地吃到从期指贴水到交割日回归的利润。

2. 利用基金申购赎回规则，构建基金折溢价套利策略

LOF和ETF基金价格不会偏离净值太多，偏离多了就会出现套利机会。基金的折溢价既可以通过基金的申购和赎回规则来兑现，也可以围绕基金净值的可兑现性，衍生出很多相关配对交易。

LOF和ETF基金的折溢价经常出现，也是可以充分利用的规则。例如在2020年和2021年基金大牛市，持有明星基金兴全合宜和兴全合润，不仅可以享受基金净值增长的贝塔收益，也可以在溢价时采用“卖出+申购”，折价时采用“买入+赎回”，这样又增加了一部分阿尔法收益，一鱼两吃。

3. 利用封闭式基金的开放期，构建封闭式基金套利策略

封闭式基金在开放期是可以赎回的，那么临近开放期，其折价一

定是逐步收敛的，购买折价封基就具有一定的安全垫。投资者可以围绕这个规则来做轮动。特别是在市场低迷的阶段，封闭式基金折价程度不断加深，投资者这时候买入，相当于拥有了低估值和折价的双保险。随着市场的回暖，估值提升和折价缩小共振，形成“戴维斯双击”。

4. 利用基金的净值计算规则，构建基金申购套利策略

有的基金含有高比例有潜力的未上市新股，申购基金相当于中签一部分新股，获取上市时净值提升的利润。2020年中期，热门股中芯国际上市，很多基金都获配了不低的比例，选取比例高的基金提前申购埋伏，在其上市后可以获得丰厚的收益。

5. 利用股票要约收购、重组合并等规则，构建事件驱动策略

例如，某上市公司在正式公布全面要约公告后的要约申报期内，要约价格就是铁底，因为最差的结果就是按照要约价格把股份卖给收购方。而大多数全面要约不以公司退市为目的，那么股价临近要约价格的时候，就有“下有保底、向上无限”的机会，获得了免费的看涨期权。同时有了股票市值可以参与新股中签申购，变成了一举多得的好机会。

6. 利用各市场之间的连通机制，构建跨市场套利策略

各市场之间有连通机制。例如存托凭证，同一个公司在不同市

场，如果有连通机制存在，就会让估值最终接近。又如同时在美、英等国和中国香港地区上市的中国公司，价格偏差大时就存在套利的机会。而没有连通机制的情况下，如同一家公司同时在A股、港股、B股市场上市，其估值可以差别很大且一直不收敛。

A 股市场的生态

投资基础知识体系的五个基石：周期、价值、统计、规则、博弈，前四个基石都有大量的著作和资料可以学习研究，唯独讲述博弈的著作十分匮乏。这是因为博弈注定是没有规律的，谁有规律，就会被别人盯上，进而被消灭。就好比两个朋友经常在一起划拳，甲第一把总是出剪刀，乙就会出石头赢了甲，甲意识到自己的规律被人摸清，就再也不会一上来就出剪刀了。

股市比划拳更复杂，是多方博弈，有必要搞清楚市场有哪些参与方，特征是什么，相互关系是什么。

A 股市场的参与方和特征

海通证券通过上市公司财报公布的前十大股东和部分机构披露的持股数据，大致推算出A股投资者的持股分布情况（见图2-19）。截至2021年第四季度，在自由流通市值口径下，A股中散户占比约36.1%，公募基金约占15.5%，外资约占9.5%，私募基金约占5.9%，险资、社保、年金约占4.7%，汇金、证金等特别机构约占

2.2%，剩余的投资者为一般法人（占比约19.3%）和自然人大股东（占比约5.3%）等。

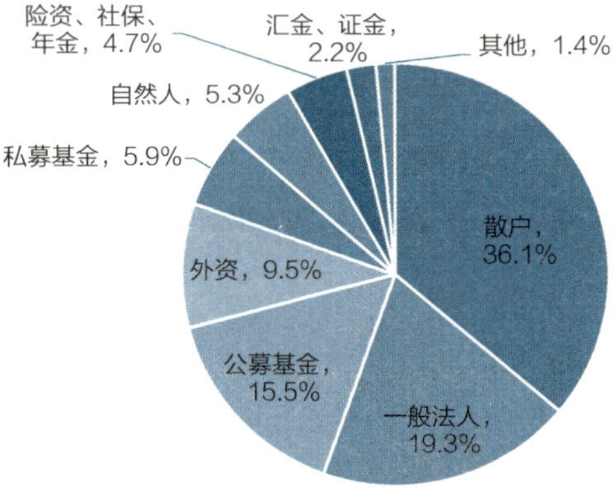

图 2-19 A 股投资者持股分布

采用形象的描述，A股市场的参与者有：产业资本、机构、国家队、游资和散户，共5种角色。

1. 产业资本

产业资本包括非流通股和法人股。虽然法人股只占19.3%，但A股的非流通股规模庞大，占A股总市值的30%，所以产业资本占了A股近半壁江山，作用举足轻重。在指数的高位，如果产业资本持续融资，减持套现，则行情大概率见顶。如2015年1—5月，IPO 接近1万亿元，大股东减持4500亿元，如此巨量的失血让A股在2015年6月迅速见顶，继而崩盘。个股也是如此，持续定增、配股的企业相当于给自己打上了“挣假钱”的标签，大股东和管理层持续减持的企业相当于给自己打上了“我很贵”的标签，这些个股的后续市场表现通常都不太好。

反过来，在指数或股票的低位，如果产业资本持续增持，则行情大概率见底。特别是股东或管理者个人增持，表示对企业的强烈看好，股票反转的概率很大。如2016—2021年5月滨江集团（SZ002244）实控人戚金兴个人连续数年大额增持公司共计5%的股份，之后在2021年7月开始的一年半内，滨江集团股价涨了4倍。滨江集团是民营企业，在房地产行业大面积“爆雷”的情况下，其实控人增持或许还存在托市的可能。同期，保利发展（SH600048）董事长刘平率领高管团队也增持了850万元，虽然总额不算高，但保利作为央企，管理层是委派的、流动的，能够自掏腰包增持公司股份，利好的确定性就特别高，有经验的投资者对这样的利好是十分敏感的，一年之内，保利发展的股价翻了倍。

2. 机构

机构包括公募基金、私募基金和外资，约占A股流通市值的30.9%。近年来，机构的势力越来越强大。据海通证券统计，公募基金的占比从2015年第四季度的8.0%提升至2021年第四季度的15.5%，外资占比从2.2%提升至9.5%。

股票型公募基金抱团是近两年比较有争议的话题。基金经理们把一个个热点板块的估值打到100~200倍市盈率的天上，如白酒板块、医药板块、半导体板块、新能源汽车板块、锂电池板块等，留下一地鸡毛，与他们宣传的价值投资理念完全背离。这其实是行业制度的问题，即基金公司的利润来源是管理费，在市场情绪高涨的时候有发行新基金、扩大规模的强烈冲动，形成“持仓涨—申购多—发新基—买自己的持仓股—持仓更涨”的循环，蕴含的风险是很大的，所以基金公司的利益与基民的利益是不同的。

基金行业已经认识到这个问题。2022年6月，中国证券投资基金业协会发布《基金管理公司绩效考核与薪酬管理指引》，要求基金管理人拿出30%的薪酬买本公司基金，并优先买本人管理的基金。该指引能不能得到落实，能不能实现基金公司与基民利益的统一，还有待观察。

因为抱团的存在，基金业绩的波动性是很大的，景气年份收益率可达50%~70%，甚至翻倍，退潮的时候可能亏损40%~50%。投资者如果要买公募基金，对其宣传的收益率要睁大眼睛，它们呈现的收益率都是在对它们最有利的时间段获得的。投资者应该选择长期稳定盈利的基金，而不能选择那些因赌对一两个行业而产生爆发性业绩的基金。

股票型公募基金都有最低持仓要求，2015年“股灾”之前的最低持仓线是60%，2015年后变为80%。偏股型基金平均仓位的统计数据，是观察市场情绪的理想指标。基金平均仓位高，表示市场情绪乐观，行情往往见顶：该买的都买了，谁来把行情再买上去呢？基金平均仓位低，表示市场情绪悲观，往往是建仓良机：该卖的都卖了，还有谁能卖出呢？

所以，机构很高明，但是其考核薪酬机制让机构往往很不高明。公募基金的抱团行为和平均仓位都是市场上的明牌，是可以被投资者观察到和利用到的指标。所以，战胜机构，是投资者完全可以实现的目标。

3. 国家队

国家队包括险资、社保、年金、证金、汇金等。国家队一般不追求高收益，而是追求低风险，在一些稳定股息、国企央企的股票中常能看到国家队的身影。国家队一般很少大进大出，对市场影响不大。但在2015年“股灾”的时候，证金、汇金大规模救市，体现了强大的力量。这些救市资金后来在2018年初逐步退出。另一个例子是2015年7月8日，分级基金A类全体跌停，这是相当于固收的稳健收益呀！怎么会跌停呢？一般认为是险资为了规避巨赎风险，无脑抛售造成的。这个例子说明了险资的操作模式，就是极端地规避风险，为此会放弃收益。

4. 游资

游资是A股市场最活跃、最愿意承担风险的力量，一般出没在题材股、小市值股、摘帽股、可转债等短时间内涨跌幅很大的领域。观察游资的动态是了解市场的必修课，可以帮助投资者更加敏锐地对行情作出判断。A股是非常适合游资生存的。以打板为例，首板可能需要5000万元资金，第二板可能只需要3000万元资金，第三板可能只需要2000万元资金。于是游资只需要筹集1亿元资金就可以将一只股票拉升30%，然后慢慢地出货，最后可能取得10%的收益。以前的“涨停板敢死队”可能就是这种模式，代表人物徐翔的资产曾达到200多亿元。

5. 散户

A股被称作散户型市场，散户占A股总流通市值的36.1%。但是散户在A股的占比是逐渐减少的。据海通证券统计，2015—2021年第四季度，散户占流通市值的比例从53.9%降至36.1%。未来，A股会不会跟某些国外市场一样，变成机构型市场呢？

我们的结论是不会。**散户存在的根本原因是高波动率，**短期致富的神话能够吸引大批个人投资者参与其中。如前文所述，因为对冲机制不完善，A股正好是一个高波动率的市场，给个人投资者提供了丰富的土壤。一部分人追热点题材趋势，一部分人做重组重整，短期内涨幅巨大，这样的财富效应会吸引众多的投资者。

A 股的环境

A股市场明显区别于其他国家股票市场的情况就是散户多，因此衍生出一些比较有趣的现象：听消息炒股，跟着大V做投资，到处充斥着股票小白训练营、炒股软件、每天盘前提供拉升股票等不靠谱的广告。投资要避免思维简单化，如果有人用简单的方法就可以保证让你赚钱，那他就没必要兜售这个方法，资本市场有足够的钱让他赚。所以，他多半是忽悠人！

但是存在即合理，人的本能倾向于做更容易的事情，大脑也更倾向于休息而不是思考。投资对绝大多数人来说只是副业，所以看上去轻松赚钱的事是很有诱惑力的。

具有一些基本常识的股民应该不会被低级广告吸引，因为这些广告很容易被验证是无效的。而听消息和跟大V是可能有阶段性效果的，但弊端和局限性也非常明显。

1. 盲目听消息

牛市消息满天飞。相信绝大多数股民都有过听消息做决策的经历，市场的每个领域的确存在信息更全、理解更深的内行人士。但消息的来源和内容不同，情况也是不断变化的，提供消息的人也身不由己，更何况很多还是二手、三手消息。另外，消息准确结果却不好，消息不准确结果未必坏的情况也很常见。最好的结果是消息准确收益也满意，但这次盈利有可能成为下次亏损的伏笔。投资者因为这次愉快的体验，会对消息源信心满满，后续再有消息的时候，会路径依赖大干一场，结果往往以悲剧收场。投资者在这个过程中会丧失独立思考的能力，完全依赖消息，对市场的复杂性缺乏基本的敬畏。很多股民重仓深套、损失惨重，都是源于盲目听从消息。

大V和粉丝的关系应该分为两种模式：一种是互动封闭模式，另一种是单向开放模式。前者是大V指导或者带领粉丝投资的模式，构建的是一个权威和拥护的生态环境；后者是分享观点众人围观学习的模式，无一对多指导和分享互动的环节，也就是大V和粉丝没有利益牵扯和相关责任。

投资是一件终身学习、成长的事情，从别人的分享中汲取营养是重要的学习手段。别人的思想和作业可以借鉴，但不能完全抄袭，不能缺乏困而知之的环节，一定要思而知之，结合自己的实践体会，摸索出适合自己的可行的方法。对于大V和粉丝的第二种关系，正确的姿势就是虚心学习，不可盲听盲从，并不是大V本身观点有问题，而是我们不熟悉他的体系，只是盲人摸象。

2. 盲目跟大 V

刨除那些居心不良的人以各种虚假营销欺骗股民钱财的情况，还有一些具有真正水平，怀揣帮助他人、传播知识和智慧的初心认真做事的大V。

这样的人愿意分享和服务他人，是值得赞赏的，如果收取一定费用也是合情合理且必要的，毕竟这是一个双向自由选择的行为。学习者可能会因此受益，从而少走很多弯路，投资之路更平坦；老师会更系统地梳理自己的思想和知识，教中学，从而促进自己的投资。

但这个模式也有其天然的弊端，大V和粉丝在某种程度构建了一个互毁模式。投资是一个特别需要独立思考并将认知变现的行为，而权威和拥护的生态环境，会让大V想要维持自己的权威性，捍卫自己的观点，强调成功，掩盖失败。这是人性使然，也是一种习惯。这就违背了投资中的诚实原则，缺乏自省机制，不容易成长。而粉丝在一个需要仰视的氛围中，很容易盲从权威，缺乏独立思考，诸如“等靠要”，理所当然地认为跟着大V就应该赚钱，对大V也容易有不切实际的要求，把责任推卸给他人，把盈利归功于自己。

查理·芒格曾说：“投资并不简单，认为投资简单的人都是傻瓜。”想以简单模式就做好投资的人可能也是傻瓜。所以听消息或跟大V都需要保持正确的姿势，求同存异、兼收并蓄。

A 股的行为模式是炒预期

市场的理论收益率底线是无风险收益率

市场的收益率有一个底线，即无风险收益率，就是说股、债、大宗商品等投资品种，如果整体收益率低于无风险收益率，资金就会从这个板块流出。所以任何投资品种的理论收益率均不会低于无风险收益率。无风险收益率目前并没有明确的定义，一般采用十年期国债收益率、银行间拆借利率、货币基金收益率作为无风险收益率，本书采用10年期国债收益率，目前是2.8%。

A股和其他市场行为模式的区别

假设有一家上市公司叫“不亏股份”，股价10元，在年初出现利好传闻，预计年报预增100%。假设市场对不亏股份的估值不变，那么一年后股价应该能到20元，请问不亏股份的股票走势是如图2-20的哪一种呢？

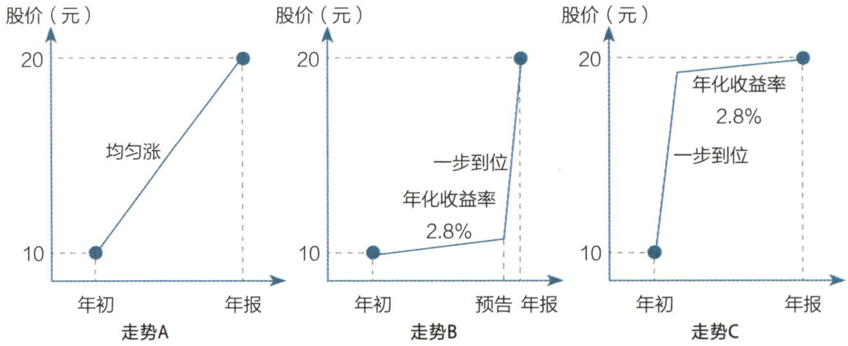

图 2-20　不亏股份的三种股票走势

走势A：不亏股份的股价匀速从10元涨到20元。

走势B：不亏股份的股价沿着2.8%的年化收益率慢慢涨，等到年报预告确认业绩预增100%，再一把涨到20元。

走势C：不亏股份的股价一波涨到接近20元，再沿着2.8%的年化收益率慢慢涨到20元。

如果不亏股份在美股、港股上市，走势图很有可能是B。以联想控股（HK03396）为例，2021年7月31日，联想控股发业绩预增公告，预计从上年同期的6.37亿元增至30亿元，增幅不少于371%。考虑到上年同期计提了神州租车10亿元减值损失，实际预增83%。按理说市场早就知道联想控股业绩会大涨，有人早在2021年3—4月就发帖测算了。然而联想控股的股价在11~12港元盘整了半年，甚至在7月31日预增公告发布以后也没什么表现，直到8月31日其发布半年报，股价才一飞冲天，涨到17.651港元（见图2-21）。港股市场之迟钝，由此可见一斑。

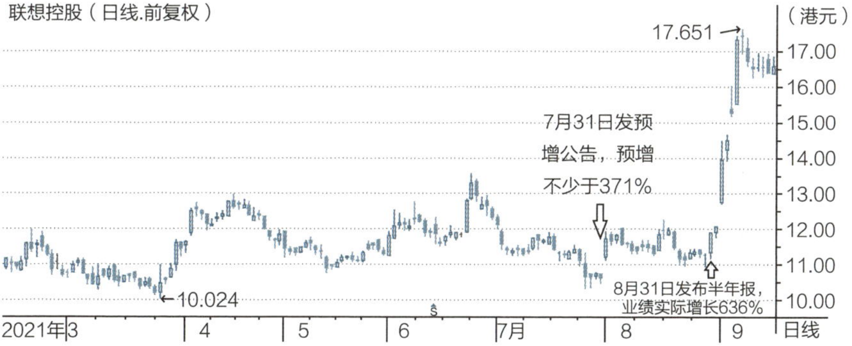

图 2-21　联想控股 2021 年 2—9 月的日 K 线

如果不亏股份在A股上市，走势图则很有可能是C。以长安汽车（SZ000625）为例，2022年7月14日发布业绩预增公告，预增189%~258%。但实际上长安汽车的股价在5月初至6月底的短短2个月涨到3倍多，已经把业绩预增的利好提前兑现了，预增公告发布以后，股价反而不再表现（见图2-22）。

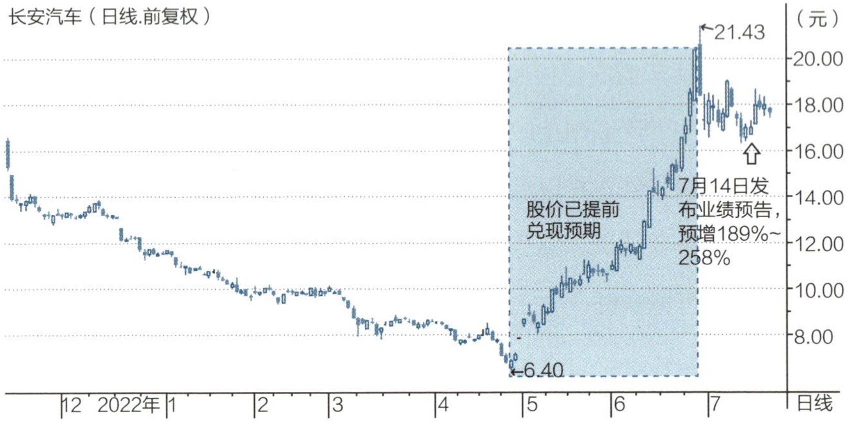

图 2-22　长安汽车 2021 年 11 月—2022 年 8 月的日 K 线

这就是A股和其他市场行为模式的区别，**A股根据预期甚至是想象空间进行交易，其他市场根据确切的信息进行交易。**

炒预期的行为几乎在A股的每一只大牛股上都有体现。比如2021年，有人计算出宁德时代（SZ300750）在2040年将取得6558亿元的净利润，在2050年将取得1.42万亿元的净利润。

把握预期差

为什么A股的行为模式是炒预期？我们认为有两个原因：一是A股有涨跌停板，又缺乏个股做空机制，个股做错风险低，培养了A股投资者更愿意承担风险的意识；二是A股有庞大的散户群体，民间投资论坛火热，几乎对所有个股都能做到无缝覆盖，能把个股的利好提前几个月就发掘出来。

炒预期的行为模式，形成了A股的炒作周期（见图2-23）：

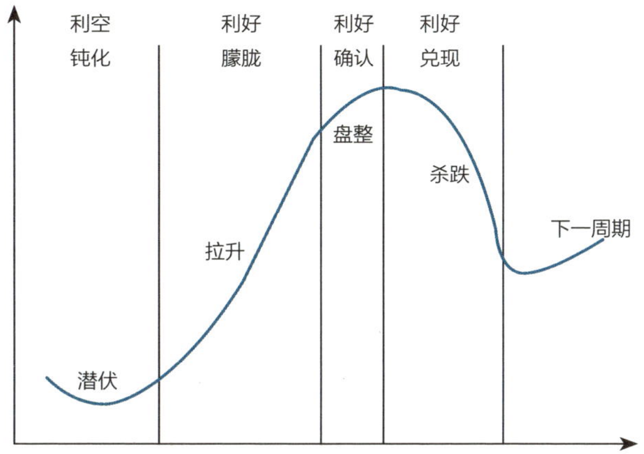

图 2-23　A 股的炒作周期模型

第一，潜伏阶段。股票对利空钝化，已经拒绝下跌，尽管还没有利好的消息，但有先知先觉的资金已经入场潜伏。

第二，拉升阶段。出现利好的传闻，从朦胧的小道消息到各大V开始讨论，股票热度上升，股价大幅拉升。

第三，盘整阶段。机构调研报告或者公司预告确认有利好，股价反而不再大涨，而是高位盘整，敏感资金开始兑现，散户接盘。

第四，杀跌阶段。公司发利好公告，利好兑现，散户还在抱着良好期望，但盘面上抛盘汹涌，股价大跌。

这个行为模式，我们只能去适应它。在建仓的时候，我们要比大众更早地预判到利好，甚至要比机构投资者更早地预判到利好；在出货的时候，一旦利好兑现，且后面没有更大的利好，就要立即出货。这就是在A股操作的一条基本原则：**永远要比别人预期在前面。**有一个词语专门描述这条原则，叫**“预期差”**。

例如，2022年4—5月，上海因新冠疫情封城，预计解封的时间是6月，上海的企业复工复产也应该在6月，这是一个确定性事件。但是上海本地股的反弹，却在“五一”节假日前两天就开始了，比复工复产时间早了整整一个月。我（资水）抓住了这个机会，在4月29日买进了一大堆上海本地股，在一个月之内取得了20%的收益。

每次出手都应清楚地知道挣的是谁的钱

钱不会无中生有，投资者挣的每一笔钱都要搞清楚出处，完善盈利的逻辑，这样长期积累认知才会有下一次盈利。

挣钱的来源有四个：国家的钱、企业的钱、市场的钱和对手盘的钱。

挣国家的钱

第一种情况是国家通过降息降准释放流动性，让市场资金充沛，水涨船高；第二种情况是汇率提升，吸引外资入场；第三种情况是国家队直接入市，如2015年“股灾”证金、汇金入场救市；第四种情况是国家给予某些行业优惠政策，如新能源发电和新能源车的补贴。

挣企业的钱

挣企业的钱主要是指企业的分红送股，以及企业债的利息。可转债强制赎回是挣了企业的股票，本质上也属于挣企业的钱。

挣市场的钱

挣市场的钱就比较复杂了。第一种是不同市场之间的价差，可以进行套利，如基金的市价和净值之间的价差、封闭基金折价、股指期货的贴水、A/H比价等。第二种是证券品价格的波动，两个类似的证券之间可以进行配对交易，挣波动的钱，如有人曾经一直在格力和美的之间进行配对交易；多个类似的证券之间进行轮动可以挣波动的钱，如可转债双低轮动。第三种是不同市场连通时有新资金入场，如沪股通、深股通连接后有北上资金入场，MSCI把A股某些股票加入它的指数。

挣对手盘的钱

挣对手盘的钱是最难的。这是博弈，意味着“我是对的，对手是错的”。

这需要比对手看得准。比如短线的做T和中线的抄底，是投资者看准了短期和中期会出现底部，未来走势会回升；比如价值投资，是投资者看准了现有价格远远低于企业内在价值，或者企业未来长期向好，认定现在抛出股票的人就是在犯错。

这需要比对手更熟悉规则。比如可转债规则复杂，有些人对可转债规则的研究比上市公司董秘还专业，能够动员、辅导上市公司下调转股价，取得无风险收益。

这需要比对手信息更灵通。比如有人每晚扫描公告，根据蛛丝马迹判断股权转让、重组重整、创新业务的动态，提前布局，获取暴利。

这需要比对手更能扛得住波动。走势短期出现调整，股价大涨大跌时也能熬得住，甚至逆势加仓。熊市是赚钱的绝佳机会。“有人送钱来了，我拿盆来接！”在每一轮熊市的底部，有些人取得了巨额利润，这样的故事反复上演。他们逆着人流而行，这需要多少见识、多大把握和多大勇气啊！

第三章

掌握科学思维方式，不断扩展能力圈

每一位投资者都是从小白开始的，但有些人炒了一辈子股也没有进步，而有些人每年上一个台阶，几年后就入了投资的门。首先，成功的投资者需要建立独立、客观、科学的思维方式，能够独立总结规律、独立定位问题、独立寻找答案；其次，需要深刻地认知自我，知道自身优劣势，在自己擅长的战场作战；再次，需要不断地尝试新方向，拓展能力圈；最后，需要解决投资心态的问题。

科学思维

资本市场如此复杂，不采用科学思维，投资者是找不到投资真理的。科学思维讲究量化、讲究验证、讲究根因。我们认为，投资者应该具备以下几种思维：

归纳思维

每个人都会归纳，归纳股市规律，归纳别人的盈利套路。归纳是研究股市的基础，投资者每天都应该归纳，然后进行论证。

我（资水）早年做研究的时候，曾经归纳了很多规律。比如“上证指数以年化8.5%的速度震荡向上”“指数有效突破半年线，牛市的概率是90%”“个股与大盘的相关性是95%”“银行股估值倍数与其长期ROE相当”等。其中自然是错误一大堆，但归纳得多了，去伪存真，连续十多年下来，就会慢慢逼近真理，这是一个人成长的过程。

这里特别强调要自己独立归纳，绝不能盲信别人的灌输。自己归纳的，未必是真理；但别人灌输的，100%不是真理。因为市场上的规律都是有前提条件的，把别人的结论拿过来，不知其条件，一定会用错。比如巴菲特那句著名的“不能持有10年，就不要持有10分钟”，是鼓励长期投资的，国内的很多机构在推广的时候也经常鼓吹要长期投资。这让我们想起电视剧《水浒传》里的一个著名的画面：“大郎，该吃药了。”在A股，长期投资怎么会是好事呢？第一，投资者如果对股票价值判断有误，坚持长期投资会把亏损从头吃到尾，而事实上，90%的投资者都会对股票价值产生严重误判。第二，投资者成长是靠交易“喂”出来的，半年甚至一年才射击一次，能“喂”出神枪手吗？第三，美国股市是价值市，可以长期投资；而A股是周期市，波动率巨大，怎么能长期投资呢？

验证思维

1. 市场上所有结论都要验证

归纳的结论只有经过验证，才能成为真理。其实，不管这个结论是哪个投资大师下的，都要进行验证。尊重数据、尊重逻辑、谢绝权威，是科学的基本原则。

投资一定要进行验证。国内20多年的K线，美国上百年的K线，做个回测，一切清清楚楚。比如我们要验证趋势，首先要用量化指标定义趋势，是一浪高过一浪呢？还是20日线上穿60日线呢？抑或是MACD绿柱变短、红柱变长呢？投资者一定要进行量化，然后在K线图上做回测。这样我们才能知道，趋势到底有没有效果，按趋势操作能取得多少收益。又如缠论，有很多概念如“中枢”“背离”，这些概念有没有效果、有多大的效果，都可以进行回测。

有一个网站叫“果仁网”，是专业回测网站。很多投资者把自己设想的策略进行量化，拿到果仁网上进行回测，发掘出很多高收益的策略。资深投资者金伟民老师（网名：持有封基）将50只股票每5天进行轮动，在果仁网根据总市值、流通市值、市盈率、市净率等38个单因子分别对这50只股票进行回测。回测周期是2014年10月17日至2022年8月19日。回测结果表明，分别按总市值、流通市值、股价振幅比率10日均值等进行轮动，都可以获得很高的长期年化收益（见表3-1）。

这种方式就是量化交易的初级版，国际、国内顶尖的量化交易基金，干的也是同类型的工作。其实很多个人投资者发掘的策略，比顶尖量化基金还要厉害得多，因为很多容量小、收益高的机会，基金经理不好操作，但散户可以进行操作。所以投资者应该建立自信，超越基金不是不可能的。

我们认为，投资者只要能够进行验证，心中就不会迷惘，可以尽早脱离赔钱的苦海。

表 3-1 2014 年 10 月 17 日至 2022 年 8 月 19 日 A 股单因子回测结果

单位：%

序号	因子	累计收益率	年化收益率
1	总市值（小）	1264.92	40.83
2	流通市值（小）	671.67	30.70
3	股价振幅比率10日均值（大）	487.33	26.10
4	中性20日换手率（小）	273.56	18.85
5	60日平均成交量（小）	265.61	18.51
6	预期盈利增长（大）	238.50	17.32
7	股息率（大）	136.02	11.91
8	预期营收增长（大）	130.03	11.53
9	市销率（小）	94.58	9.11
10	收盘价（小）	93.31	9.02
11	销售毛利率（大）	85.11	8.40
12	市净率（小）	56.57	6.05
13	流动比率（大）	51.89	5.63
14	净利润增长（大）	51.68	5.61
15	经营现金流量净额同比增长（大）	50.09	5.46
16	80日乖离率（小）	48.36	5.30
17	总资产周转率（大）	45.59	5.04
18	250日收益波动率（小）	44.13	4.91
19	负债资产率（小）	42.97	4.79
20	5年资产回报率（大）	40.80	4.58
21	营业利润增长（大）	40.66	4.57

续表

序号	因子	累计收益率	年化收益率
22	动态市盈率（小）	39.71	4.48
23	产权比率（大）	30.74	3.57
24	10日成交额（小）	30.06	3.50
25	市盈率（小）	27.64	3.25
26	5年净资产收益率（大）	24.09	2.87
27	利润总额增长（大）	20.20	2.44
28	扣非净资产回报率（大）	18.76	2.28
29	毛利润增长（大）	17.64	2.15
30	营业收入增长（大）	4.21	0.54
31	存货周转率（大）	1.12	0.15
32	60日涨幅（小）	-12.62	-1.75
33	净资产增长（大）	-13.46	-1.88
34	资产回报率（大）	-20.69	-2.99
35	销售净利率（大）	-21.11	-3.06
36	营业利润率（大）	-27.23	-4.08
37	成交量（小）	-32.52	-5.02
38	历史贝塔（小）	-77.82	-17.90
—	沪深300	17.47	2.13
—	中证500	20.08	2.43
—	中证1000	20.02	2.42

资料来源：持有封基。

2. 建立科学、客观的认知

投资大师索罗斯和塔勒布的底层投资思想是结果的不确定性、随机性，即验证得出的结果属于统计结果，通过已经发生的具体现象总结出一套规律，再把具体规律运用到投资中，是典型的后验逻辑。而后验逻辑具有不稳定性，短期统计套利是不可靠的。与统计套利对应的是规则逻辑套利，属于先验逻辑，依据的是完全靠得住的理论体系，再把这个理论运用到投资中。

通过长期统计归纳总结的相应逻辑，因为经验和现象足够久，会比短期统计套利靠谱一些，但依然属于后验逻辑，具有不稳定性。投资中我们该如何正确对待统计验证结果呢？正确的姿势应该是充分挖掘数据，总结规律，厘清逻辑关系，用逻辑和规律指导交易，但始终要清楚这个规律的不稳定性，制定相应的预先调整对策。

统计套利比的是你比别人更早地发现规律，同时知道规律的局限性，能够预判失效时间，在合理的时候能够退出。比如：可转债的妖债行情，游资偏爱转债占比小、规模小等因子的转债，但这个规律稍纵即逝；A股最小市值轮动在2015年前一直是最有效的策略；每年收益排名靠前的基金具有很强的获利能力，但也可能是基金风格正好匹配了当时的市场，超额收益可能很快就会被逆转。

根因思维

经过第一步归纳、第二步验证的道理，难道就是真理吗？并不是。这只是“形而上”的道理，并没有达到真理的程度。比如鸡叫了天就亮，喝虎骨酒气血壮，指数突破半年线就有牛市，这些归纳的道理都能通过验证，但它们不是真理。因为现象与结论之间没有建立深层次的逻辑关系，说白了，就是没有找到根因。

股市那些规律背后的原因究竟是什么？能够找到根因的人，就掌握了股市真理，多半是挣钱的。比如，美国股市、中国股市都是以8%~9%的速度增长的，背后的原因是两国经济的增长；“横有多长竖有多高”，背后的原因是横盘久了，离8%~9%增长线的乖离率越来越大，有价值回归的力量。

转债最经典的名言是“下有保底，上不封顶”，这也是需要仔细探究其根因的。往年转债的历史大底为80多元，这是按转债到期还钱来算的，100元的面值，加上几年的利息，可能到期要还110元，那么现价80多元相当于每年利率6%~8%，是一个不错的低风险投资。于是我们找到了转债走势的第一个根因，即到期收益率。

但2021年2月，转债整体每天阴跌，最低的一只亚药转债（128062）跌到了66元，70元的转债一大堆，与之前认为的转债硬底是80多元相比，那是大大地跌破了所有人的预期。这是由永煤和华晨逃废债风波引起的信用债信仰崩塌，基本面有瑕疵的转债也受到牵连。于是我们找到了转债走势的第二个根因，即信用债的兑付。

2021年2月至2022年8月，转债市场异常活跃，很多转债都走出了超级大牛行情，一天涨40%多的妖债比比皆是。这是因为对于游资来说，相比股票市场，转债市场具有制度性优势，如“T+0”交易、涨跌幅不受限、容量小。转债的赚钱效益吸引了众多场外资金入场，日成交额从400亿元上升到1600亿~2000亿元，所有转债水涨船高。于是我们找到了转债走势的第三个根因，即游资炒作带来的流动性。

2022年8月，转债新规发布，有两个条款对游资产生较大的压制：一是从停牌变成涨停板，维持涨停板是需要大量资金的，于是游资炒作的门槛大大提高；二是强赎条款，不强赎的未来3个月不能强赎，企业强赎意愿增强，游资炒高的风险增大。于是，游资从转债撤离。如果我们知道了转债走势的第三个根因是游资炒作带来的流动性，那么游资撤离后，转债整体下行几乎就是确定的了，就可以躲过中证转债（000832）指数从2022年8月的430点到10月的400点的跌幅。这只是指数的跌幅，事实上很多个债的跌幅是很惨烈的。

所以，只有从根因上搞懂了各个证券品走势的驱动力，才能大概知道涨跌的原理，才能躲过可能到来的系统性风险。我们把探寻涨跌驱动力的根因分析叫“股市动力学”，未来如果有机会，再进一步向读者朋友们呈现。

预见思维

股市有一种说法，“投资就是交易未来”。其实每个投资者都在进行预测，做趋势投资的，根据K线的统计数据进行预测；做量化的，根据模型回测结果进行预测；做价值投资的，根据企业业绩增长进行预测；做事件驱动的，根据社会经济的演化进行预测；做套利的，根据不同市场价差收敛进行预测；做博弈的，通过揣测对手盘的意图进行预测。做投资就要有预见思维，然后未雨绸缪，早做准备。有些人有显著的预见思维，其操作在外人看来往往是神来之笔，投资者称他们为“天才”。我们不认为他们是天才，因为预测是投资中极其重要的思维模式，每个人都应该刻意地训练这种思维模式。

预见思维的运用主要有以下三种形式：

一是基于哲学层面的周期律作出的判断。跌到一片黑暗，预见会有一波反弹；涨到一片喧嚣，预见会有崩盘。我们张嘴说说这些道理很容易，觉得理所当然，当我们重金投进去，亏得面色如土，听到铺天盖地的负面言论，是否还能冷静地预见到否极泰来、盛极而衰呢？这样的人其实不多。

二是基于对社会经济的深刻理解作出的判断。2015年A股杠杆资金爆仓，天天熔断，然后国家队入场救市；2020年新冠疫情暴发，经济停滞，全球股市暴跌，各国政府拼命放水救市。我们要理解政府的职责，知晓政府的力量，一旦决定了要捍卫国民财富，其他对手盘都将灰飞烟灭。

三是基于对企业经营管理的理解作出的判断。企业最根本的职能就是盈利，如果一家企业长期不盈利，“爆雷”随时有可能发生。著名的乐视网，搞“生态化反”，七个业务只有一个微利，其他都是大亏，一旦资本市场圈来的钱烧光了，必然“爆雷”。

预见思维属于哲学的范畴，哲学就是解决如何判断未来的问题。

建立正确的哲学思想，对投资是有很大帮助的。

博弈思维

股市难就难在博弈，因为有了博弈，资本市场的很多规律和理论就不会一直有效，未来也看不清了。

索罗斯的《反身性原理》就是讲博弈，讲了正反馈与负反馈两个现象。正反馈的意思是投资者的行为会加强趋势，股市上涨，吸引大批投资者入场，造成股市进一步上涨，趋势就此形成，就是说“股市上涨的原因就是股市上涨”，很拗口的逻辑。负反馈的意思是投资者的行为也会破坏市场，某个策略有效，执行这个策略的人越来越多，把对手盘的钱挣光了，于是行情拐点出现。

博弈贯穿投资全过程，不讲博弈的人，他们的投资体系会有巨大的缺陷。周期、价值、统计、规则、博弈这五大基石，缺了其中任何一块，投资体系都是不完善的。这里分享一个笔者对机构和个人投资者投资水平的判断，凡是只讲价值和长期投资、不讲周期和博弈的，这些机构和投资者都不值得信任。当我们做投资决策的时候，不能无视对手盘，一定要站在对手盘的角度来思考，如果反方也能讲出几条道理来，那就要小心了。正确的投资决策，一定是清楚地知道对手在犯错！

博弈的第一原则，是搞清楚定价权资金。2022年上半年，*ST大集（SZ000564）重整完毕，改名ST大集，股价跌到了1元面值附近。如果连续20天跌破面值，大集就面临退市。因为ST大集与ST海航、ST基础都属于原海航集团，由海南省政府操刀，在国务院的指导下重整，所以很多投资者就下重注赌ST大集不会低于面值退市，而且预期其股价能保持在1.1元以上，即当时不退市股的最低股价。结果ST大集长期趴在1元以下，股价最低0.89元，很多投资者损失很大。ST大集的问题正好是缺乏定价权资金。原大股东海航集团都出局了，不关我事；二股东供销总社以前投的优质资产都被败光了，再拿钱来挺一个没有控股权的票，难以通过审批；游资也没有实力把一只200亿元市值的股票挺上去。于是，ST大集就像一条陷在淤泥里的船，虽然没在水下，也没人去拉它。

然而就在本书写作期间，2022年11月1日，有资金利用ST大集的退市恐慌，底部吸筹，连拉二十多个涨停板，ST大集不仅解除了退市风险，反而成为一只大妖股（见图3-1）！

图 3-1 ST 大集 2022 年 K 线

认知自身

1. 成功投资者的四个特征

在生活中，成功的投资者很少能碰到，不成功的投资者仿佛遍地都是。所谓“七亏二平一赚”，“七亏”者属于不能在市场上生存的，很快就会离开市场，不属于真正意义上的投资者，本书不予关注；“二平”者倒是可以在市场上长期生存，想挣钱又没挣到，是本书关注的不太成功的投资者，举几个例子：

某A，上班族，主要精力不在投资上，也不太相信股市是能够致富的地方，只是在牛市的时候看到别人挣钱眼红，买了当红基金，享受过基金净值大涨，也遭受过基金净值腰斩，多年下来，赚了个寂寞。

某B，20世纪90年代的老股民，70多岁了，炒股热情高涨，几十年如一日地听消息、追热点、看股评，但这么多年下来，投资的认知没有一点提升，股票市值也徘徊在二十多年前。

某C，思路活泛，混迹于各大投资论坛，到处抄作业。有时候赚了一些，但心里对持仓标的没底，不敢下重注，赚了些小钱，但没有形成复利。很快，那些赚钱机会和赚钱套路失效，他没有积累到发现机会的能力，只能继续抄作业。

某D，职场边缘人士，想转型做投资，学习了一堆大师著作，认准价值投资流派，自诩巴菲特信徒，也非常认真地分析企业基本面，认定“投资就是长持好企业”。但实操下来，业绩总是不太理想，上下起伏很大，净值没有形成复利式增长。

我们也接触到一些成功的投资者，这个群体确实存在。由于这些人比较低调，大家感觉生活中难以碰到。实际上，成功的投资者这个群体，比媒体宣传的和大众想象的要庞大得多。

那么什么样的人适合做投资呢？如果想以投资为事业，我们认为必须具备以下四个特征：

第一，对财富的极度渴望。成功的投资者都渴望暴富，认准了投资是致富之路，相信通过自己的努力，总有一天也能资产过亿元。看到别人获利，特别希望让赚钱的本领也长在自己身上，不惜代价地打听、琢磨、实践别人的挣钱方法。成功的投资者一定是把投资当作乐趣的，如国庆七天长假，每天研究9个小时，就算是休假了。这样的狂热行为，一定是内心深处的渴望才能驱动的。不成功的投资者，如某A，就是缺少了对财富的渴望。

第二，永不停止地思考事物本源。成功的投资者只有不断地进行“实践—反思—再实践”的迭代，不断地推翻自己以前的认知，思维的深度才能快速提高。查理·芒格曾说：“你应该不断推翻那些自己最钟爱的观点，直到无法推翻。”不成功的投资者，如某B，就是缺乏对自己的反思，以至于数十年都没有进步，更别说寻找市场的真理了。

第三，不辞辛苦地查找、验证和尝试。成功的投资者在亲自验证方面付出的努力是常人难以企及的。有一位资深投资者“泛舟

rain”，他是做量化投资的，每天钻研测算达十个小时。不成功的投资者，如前面的某C，没有亲自寻找一手素材，没有亲自验证某个策略的逻辑，进而无法建立投资信仰，做不到重仓获胜。

第四，丰富的人生阅历，对宏观政治、经济周期和行业兴衰有深刻的认知，对人性和博弈有透彻的理解。成功的投资者有开阔的眼界、开放的思维，深知资本市场是一个多元世界，决定证券涨跌的因素绝不只是企业基本面、K线图等，宏观经济、政策、周期、博弈等都会深刻地影响市场。不成功的投资者，如某D，眼界狭窄，只信奉某些书上讲的几条大道理，没有宏观视野。

这四个条件要求非常高，达不到的人，就不应该选择以投资为业。其实投资的隐性门槛是极高的，股市里有一堆绝顶聪明而且执着勤奋的人，我们凭什么战胜他们？只有把所有的知识弄懂，比聪明的人更聪明，比勤奋的人更勤奋，才有可能战胜他们啊！

2. 如何做好业余投资

业余投资不是本书的重点内容，在这里简要阐述。要做好业余投资，一般有两条道路。

一是选择基金。当然，基金投资绝不是做甩手掌柜，前期也要做一些分析和研究。首先要分析基金经理，他的风格，他在不同市场行情下的净值表现，他对市场的判断，是否匹配自己的认知。其次要对市场宏观趋势有一定的了解，知道市场极度悲观时应当购买基金，市场极度乐观时应当卖出基金。

二是长期投资几个标的或制定一两个策略。有的人一辈子就炒二三只股票（如贵州茅台、长江电力等），他们对这些股票的所有信息烂熟于胸；有的人长期就制定一个策略，比如可转债轮动。这些人把某一个方向修炼到极致，花的功夫少，收益率却未必低。

扩展能力圈

市场上曾经有很多低风险高收益的机会，如折价40%的封闭式基金、市值打新、分级基金折溢价套利、股指期货吃贴水、可转债双低轮动等。但随着这些机会众所周知，或者被监管部门修改规则，这些赚钱套路一个个都失效了。所以一招鲜注定不能吃遍天，投资者除了坚守已有的能力圈，还必须不停地扩展能力圈。

我们主张在实战中扩展能力圈，用一句口诀来总结扩展能力圈的方法：

观摩别人套路，思考背后根因，小仓试错调整，重仓决战获利。

观摩别人套路

有的投资者每天都在网上做交易记录，还有的每年年底都在网上晒年度总结，这些都是大好的学习机会。通常盈利者更愿意写东西，向我们展现他是在哪些方面获得收益的。事实上，没有人能做到对自己的策略只字不提，总会泄露一点出来，但也没有人会和盘托出。我们需要对别人的赚钱套路保持极度的敏锐性，细细揣摩其中的窍门。网上有很多著名的连载帖，值得特别关注，有Flitter的银行股轮动帖、上海小孩的股票型基金连载帖、yyb凌波的可转债双低轮动帖等。这些知名大V的连载帖是我们的最佳观摩学习机会。

思考背后根因

别人挣钱的原理是怎样的？投资者需要细细揣摩。以Flitter的银行股轮动帖为例，他把一揽子银行股用自创的“翻倍期”轮动起来，在2014—2018年取得了不菲的收益。回溯其思考的初始，应该有以下假设：第一，银行股经营同质化，同质化的东西都可以进行轮动，由此可以取得轮动的α收益；第二，构造一个“翻倍期”来评估银行股的排名，所谓翻倍期，就是银行股净资产涨到股价的两倍需要的时间，由此实现了银行组合的归一化排名；第三，银行经营稳健，未来会被价值发现，总体平均估值可能从当年的0.8倍市净率涨到2倍市净率，由此可以获得银行估值整体提升的β收益；第四，某些时间段银行股整体跌幅过快，反弹动能充足时，可以运用杠杆，由此可以取得杠杆收益。后来，随着基金主导市场，对银行股的认知分化，基本面和业务模式更优质的几家银行获得了“戴维斯双击”。银行股同质化这个前提不成立了，银行股轮动的超额收益逐渐消失。但Flitter的这一整套思路，都是可以借鉴模仿的，比如用在可转债轮动上。

小仓试错调整

我们主张拿一个小仓位，比如2%~5%的资金，学习别人的套路，专门用来试错。实战得来的经验比书本上讲的深刻得多，即便亏损，也是值得的，相当于把这条道路上的雷区给蹚出来了。对职业投资人来说，这些亏损经历都是宝贵的财富。亏钱不是坏事，亏着亏着，就把问题想明白了，将来总有盈利的一天。

重仓决战获利

投资者如果对一个新的套路从理论上和实际上都进行了完善，就可以进行重仓，“何以暴富？唯有重仓”。这里举一个网上著名的阿土哥“十倍杠杆90+的中行转债”的故事，他一把实现了财务自由，以下文字摘自阿土哥的帖子：

大家都好奇十倍杠杆到底是什么杠杆，我恰恰是在集思录论坛里偶然看到10倍杠杆的广告，也就是收益互换产品，杠杆成本年化是7.4%。开立一个收益互换账户很麻烦，个人不可以，需要用一个公司户，注册资金500万元以上，并提供报表。为此我花2万元注册了一家公司，每月花钱请人报税做账，其间反复多次快递材料到深圳，花了两三个月才全部办妥开户手续。是的，还是那句老话，机会是留给有准备的人的，下定决心，排除万难，付诸行动，知行合一，没有人能随随便便成功。

说到成功，现在看来很简单，开完户，打保证金上杠杆，剩下的就是等牛市数钱。其实不然，借1000万元，一年利息74万元，一天的利息是2000多元，要知道我老婆一个月的薪水到手也就相当于一两天的利息。

说到“赌”，其实也没有那么罪大恶极，关键是看输不输得起，“赌局”的赔率怎么样，赢的可能性有多少。2014年，我已经开始走向低风险投资之路了。那一年上半年，我做杠杆垃圾债轮动、做可转债转股套利、做大连重工和华映光电业绩补偿套利等，操作有如神助，收益已经翻倍，用今年取得的收益来“赌”一生的财务自由，是愚不可及的吗？而100元面值以下还在折价的可转债，一生能出现几次？

即使下定决心“赌”了，也不是那么轻轻松松就能成功的。可转债波动不大，有时会涨1%，但只要有一天跌2%，就相当于连续跌停啊……这起起落落过程中的滋味，没有身临其境是很难体会的。终于在靠近年底的时候，有一天可转债涨了10%以上，我在一天实现翻倍，当时一天100多万元，是多么震撼啊！我在130元开始卖出，在160元左右卖光，结果后来又涨到190多元。其中，我又经历了怎样的悲喜和煎熬，现在真的难以用文字来表达。

我已经尽了人事，经过了严密的计算，将策略做到了最优。首先，一年的利率7.4%，债券的回报率不到2%，如果太早上杠杆，单付利息都得爆仓，必须等。其次，无论中行正股如何走，1.76年的中行纯债极限值是98元（按当时的金融债5%的水平贴现计算），而不是所谓的93元，所以我不会爆仓，其他的品种如平安转债、工行转债等，进攻性更强但可能爆仓，都被我排除了。最后，金融股的PB已经低到极致，两年的ROE大概率会推动股价上涨。

调整投资心态

俗话说，财不入急门。有人总结，做投资玩的就是心态。从某种意义上来讲，这话不为过。做投资要保持平常心，可是平常之人很难保持平常心，非常之人才有平常心。作为普通人，我们该如何调整投资心态呢?

学习行为经济学和心理学知识，树立正确的投资价值观

行为经济学是经济学和心理学相结合的实用学科，首推诺贝尔奖得主丹尼尔·卡尼曼的《思考快与慢》。通过学习我们可以清楚地认识到投资行为中很多现象的根源，如锚定效应、损失厌恶、大数法则、直觉偏差、近因效应、均值回归等。虽然我们很难彻底改变自己的行为，但充分理解自己的行为对改善情绪和提升能力有很大的帮助。心理学方面，首推勒庞的《乌合之众》，是大众心理研究的典范，可以帮助投资者很好地理解股市运行的群体情绪波动的现象，对个体克服情绪波动也有很大的帮助。投资者系统地学习行为经济学和心理学方面的知识，对调整投资心态、提升投资能力都能起到重要的作用。

正确的投资价值观对建立良好的投资心态也有很大的帮助，如对投资结果随机性的理解，投资的结果只是市场运行的一种随机结果，但结果对于每个人都具有反馈机制。由于资本市场的复杂性，正确的

投资逻辑未必能得到好的结果，错误的投资逻辑得到好结果的现象也并不少见，那么完全以结果为导向，指导自己下一步的投资行为，多半是顾此失彼。搞不清哪部分是能力带来的收益和损失，哪部分是随机幸运和不幸运，心态也容易失衡。如果能够科学地看待投资结果，重逻辑轻结果，心态自然会平和。

认清自我，顺应情绪

首先要承认人的性格和风险偏好是不同的，投资者的权益持仓比例，虽然都是根据自己的认知安排的，但更多的是由投资惯性决定的。同样一个绝对数字如50%权益仓位，对有的投资者来说是下限，对有的投资者来说却是上限。每个人都有一个自洽的持仓区间，这个区间是他认为最舒服的状态。投资就是让自己的持仓和交易尽量保持舒服的状态。如果感觉到焦虑，就要分析持仓的逻辑起点；如果分析后没有疑惑，那就应该更加坚定地持有；如果有担忧就一定要解决，仓位多了就减仓，无关对错。因为如果不处理，市场有无数种办法让我们更不舒服，隐忍和坚持只会让我们在更被动的时候选择放弃。跌10个点我不舒服了，告诉自己还能忍，然后跌30个点甚至50个点后忍不住才割了。

人在情绪控制上都有其生物局限性，尊重而非挑战这种局限才是智慧之举。好的持仓应该是舒服的状态。如果产生焦虑和不安，多半是有超出自己能力范围的事情，那就降低它的配置，直到恢复轻松愉悦，哪怕降到最低点也没什么，心安理得地接受这件事，不该自己挣的钱，即使错过也没什么好难过的。不怕犯错是获得行动力的关键，可以帮助我们从负面情绪里跳出来。

充分借助工具控制情绪

如果把投资比喻成一个人走漆黑的夜路，把对路况的熟悉程度比喻成投资能力，把胆量比喻成情绪控制能力，那么没工具、路况熟悉、胆子大的人，与手持电筒、路况不熟、胆子小的人，还真不知道哪个人更轻松。可见在投资中充分借助工具可以很好地帮助投资者控制情绪。投资中的工具又是什么呢？首先是数据，集思录上的大量数据就是协助投资非常好的尺子，为投资者作出投资决策提供有力依据。其次是能够快速运用的模型框架，以便在投资过程中不论遇到什么情况，都能第一时间作出反应，而不是束手无策，错过时机。最后是交易、规则等常识，依据常识去控制情绪。比如仓位太高的时候，就如同在高楼的边缘行走，一般人可能会紧张到无法迈步。这是因为得失巨大到足以动摇心性，被恐惧支配，无法行动，投资者这个时候应该保持心性，不被得失牵引，回归常识。

认知与情绪的正反馈

之所以投资者会产生焦虑情绪，也是因为行情超出了认知。如果一切尽在掌握，也就没有情绪波动可言。只有超出认知和能力圈，投资者才会感受到焦虑情绪。但焦虑本身也具有正面的作用，推动我们反馈改进，从而拓展认知和完善能力圈，进入良性正反馈循环。

这个循环的过程就是情绪在大脑中的神经元连接，被无数次习惯性的行为塑造和加强，类似高速公路；而新的认知力量非常微弱，神经元连接脆弱易断，类似羊肠小道。当我们接收到一个外部刺激，神经信号自然流向消耗能量最少的高速公路，过去的心理习惯再一次被加强。认知修炼，目标是将大脑中的羊肠小道拓展成高速公路，这是一个漫长而艰难的过程。但明显认知到了一定的高度后，自然能消解情绪。

第四章

遵循基本的投资原则

确定性原则

投资的风险有两种：一是本金损失，二是机会损失。避免本金损失就是追求确定性，避免机会损失就是追求可能性。这两种风险通常只能消除一个，两个都消除是不太可能的。所以投资只能介于两种风险之间，确定性也只是有限的确定性。确定性是一种倾向、一种思维，以确定性思维去考虑投资，规避本金损失的可能性就得到了最大的保障，从而达到不亏的效果。

对于广大的普通投资者来说，首先要回顾一下自己的投资经历和每年的收益状况，是做到了复利稳定增长，平均年化收益率跑赢无风险收益率，还是跟随行情赔赔赚赚，整体没赚到什么钱？如果在一个牛熊周期内不能够稳定盈利，那么说明投资体系还有待完善，第一要务就是明白确定性原则的重要性，所有重要的交易都从确定性的角度去考虑，杜绝大亏，保住本金，在不败的基础上寻求胜利。孙子兵法最核心的思想就是“立不败之地，败可败之兵，先胜后战”。先胜后战就是在自己具有优势和确定性的情况下出战，这就和先找到有确定性优势的机会再投资是一个道理，遵守确定性原则，在做好防守的情况下去进攻，做到不亏之后也就只有小赚和大赚的区别了。

投资者一般可以从三个方面寻找确定性来源：周期、价值与价格的关系、规则和常识。

从周期中寻找确定性

如春夏秋冬一样的多数事物都具有周期性。周期是永远存在的，更替周而复始，背后是亘古不变的人性。市场总是在贪婪和恐惧之间来回波动，任何东西都不可能朝着一个方向永远发展下去，树不会长到天上，也很少有东西会归零。

市场有周期，行业有周期，股票、债券、商品和现金理财等大类资产都有周期，每个周期的大小不同、长短不一。事物发展的过程并不是一条直线，而是多变的曲线。理解周期、理解波动，我们就可以从短期视角中解放出来，更好地理解事物的长期发展规律。

霍华德·马克斯的钟摆理论很好地解释了周期的特点，市场的估值中值在钟摆的正中间，但是市场价格会以此为中心左右摇摆。这种摇摆的方向和力度本身很难预测，我们能明白的是市场在钟摆中的位置，并依据所处的位置进行判断并行动。钟摆理论给我们的投资启示：处于熊市底部不用恐惧，处于牛市顶部也不用激动，因为钟摆一定能够回摆到中点。

如果是任意一张钟摆图片，我们可能无法判断下一步的摆向；但如果是钟摆极限位置图，就很容易判断其未来的方向。所以，理解和认知各类资产的极限区域就变得至关重要，利用市场极限就有可能创造超额收益、规避巨大风险。虽然对于投资者来说，辨识极限区域是一个相当有难度的事情，如在“跌跌不休”的纳指，中国概念股和港股处在钟摆的什么位置呢？但我们还是可以利用工具来衡量一些熟知的品类，找到自己认为的极限位置进行投资。

从价值与价格的关系中寻找确定性

国内外市场的主流证券投资基金基本都是价值投资流派，因为对于大的资金来说，确定性只有靠价值来支撑。价值投资的基本逻辑是：价格围绕价值波动，当价格低于价值时买入，当价格远远高于价值时卖出。投资者要进行价值投资，必须信仰价值决定价格。

评估证券的价值，依赖于投资者对行业空间、竞争优势、商业模式、破产清算、宏观折现率的认知。评估结果千人千面，见仁见智，没有统一的答案。所以个人投资者需要额外的保护，譬如用股息保护，股息往往代表企业挣的是实实在在的钱，财务风险降低；也可以用成长性保护，因为成长性可以让现在的买入价格在未来变得更便宜；还可以用流动性保护，判断市场缺乏流动性时买入，流动性恢复后就会水涨船高。

从价值寻找确定性有多种角度，投资者可以从中借鉴并结合自身特点进行综合运用。一是深度价值，原则很简单，即在公司股票低估时买入、高估时卖出，确定性来源于估值的准确性；二是高分红价值，选择高股息的股票进行投资，确定性来源于每年拿到手的分红；三是长期价值，看中的是公司的质地，坚信“买股票就是买公司”，确定性来源于公司的管理层、商业模式、企业护城河、产品力等，只要公司的管理层长期靠谱，产品护城河一直存在，长期价值投资者就会一直持有这家公司的股票；四是景气度价值，主要关注营收（预期）增速和净利润（预期）增速，不用关注PE、PB、ROE、自由现金流等指标，确定性来源于行业景气度，要选择高景气度或者景气度提升、改善的行业和公司，也就是选好赛道的思路；五是逆向投资，在市场出现定价错误时出手，利用市场的错误赚钱，确定性来源于对周期和市场情绪的精确把握。

个人投资者在价值投资主流的赛道上明显处于劣势，确定性应该主要来自市场出现极端定价错误的时候。从安全边际的角度来看，投资者应寻找基本面与估值的极限位置而非低估位置。当然这也涉及我们对极限位置的认知能力，但无论如何，寻找极限位置总比掌握估值要简单。

从规则和常识中寻找确定性

对于个人投资者来说，确定性最主要、最稳定的来源就是规则和常识，也是最容易把握和利用的。投资者可以围绕规则和常识设计投资策略，形成自己的投资方法。下面举几个例子加以说明：

1. 利用分级基金的折价规则，结合股指期货对冲套利

根据分级基金的规则，当分级基金出现折价机会时，这个折价所见即所得。要想把折价稳定吃到，需要承担一天多的基金对应指数的波动，即当天买入，第二天赎回。为了锁定这个收益和屏蔽指数波动，投资者可以在买入基金的同时，利用股指期货对冲保护，然后等待分级折价变为平水或溢价；或者第二天收盘时赎回，同时对应平掉

股指期货空单。当然这个策略还需要考虑几个影响因素：一是分级基金的折溢价；二是股指期货的升贴水；三是分级基金对应的指数和股指期货IC、IF、IH的相关度，以及相对强弱；四是股指期货和分级基金的波动速度，股指期货快，分级基金慢；五是分级基金的容量，需要满足瞬间买够一手股指期货对应的量。

这个策略的收益曲线相当于一个多因素模型。由于股指期货是贴水的，用软件画出图，就是一个以不规律的角度向下的正弦波，理想的买入点和卖出点处于波峰和波谷的位置，策略的核心逻辑实际上是做波动率回归。这相当于把以预判涨跌为起点的交易，转变为盯盘找买卖点的狙击手类型的数学游戏。交易完全和指数涨跌没关系了，变成了一个完全围绕规则运行的策略，胜率达到了95%，失败的5%的交易亏损也是很有限的。虽然随着分级基金的消亡，这个策略已经失效，但基于基金规则的机会一直存在，这就需要我们研究和熟悉基金规则，充分加以利用。

2. 利用可转债到期规则，寻找“下有保底、向上无限”的博弈机会

可转债是一个规则丰富的交易品种，对于散户来说是一个可以充分利用规则进行交易的友好赛道。很多书籍都列举了相关的方法，这里不一一赘述，只详细介绍一种可以上仓位博弈的策略——临期债博弈。

目前为止，散户可买的可转债还没有出现过违约的情况，要么强赎，要么到期还钱。虽然以往没出现过违约情况不等于没有违约风

险，但短期内，转债对应的正股的退市风险和无法偿债的风险还是可以通过基本面分析基本排除的。分析正股的价值和股价趋势挺难，但排除极端情况后会容易一些。如果可转债进入最后两年的回售期，根据可转债的回售条款和到期兑付价格两项规则，就形成了回售价格和到期价格的双重保护。虽然转债价格并不会低于回售价格，也不会低于到期价格，但到期收益率决定了固定时间内最坏的亏损情况，那么底就是清晰的。有了这个保障，投资者就可以选择向上期权价值大的标的，博取向上无限的可能性。以一个近期强赎的久其转债为例，如图4-1所示。

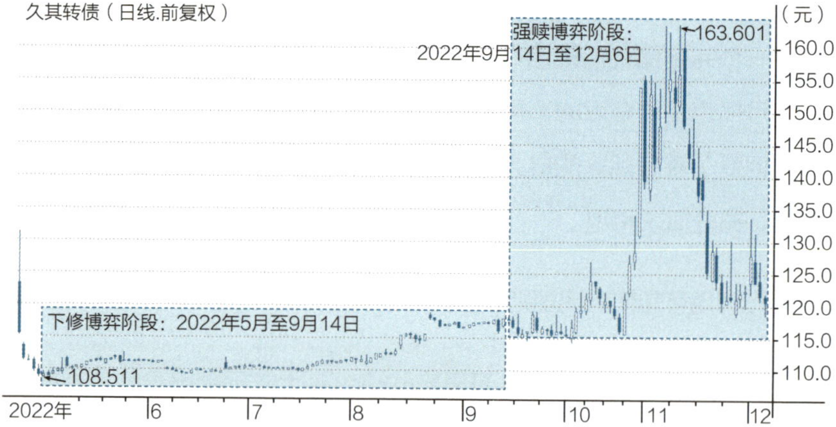

图 4-1　久其转债 2022 年 5—12 月 K 线

久其转债对应的正股公司是久其软件，北京的科技类上市公司。公司虽然业绩亏损，但基本面并不差，主要客户都是政府机关，所处的行业也决定了其不存在突然“爆雷”退市的可能性。在临近到期一年左右的时候，久其转债的到期收益率很长时间徘徊在-3%~-1%，那么买入久其转债最坏的结果就是赔3%。在下有保底、风险可控的情况下，可以上仓位博弈。而作为民营企业的久其软件，财务状况并不好，到期还钱的压力很大，那么下修转股价从而进一步解决转债问题的可能性还是很大的。最后的结果也是公司主动下调转股价，正股久其软件又有了一波凌厉的上攻，转债成功强赎。虽然大多数转债投资者很难持有到160元左右的位置，但底部扎实，胜率、赔率都很高，可以上仓位博弈。

3. 利用 A 股打新红利，设计投资策略

A股打新红利的原因在这里不做分析。虽然随着注册制的推行，打新红利逐步收窄，但这种现象是自A股成立以来形成的常识，利用这个常识设计投资策略，可以把A股打新红利变现，形成一种现金替代增强策略。A股打新采用现金申购规则时，通过现金申购产生的收益率远超无风险收益率；A股打新采用市值申购规则时，为了获得打新红利，同时不承担市值波动的风险，采取的策略是利用股指期货IH或者上证50期权的合成空头对冲一揽子50股票，根据50指数权重配比来配置股票，就完成了中性对冲组合，指数涨跌和组合已经无关。同时股指期货IH或者上证50期权的合成空头大部分时间处于升水状态，持有还能产生一点收益，足以抵销买卖股票和换仓的摩擦成本，那这个组合就是一个无风险组合，收益就是A股打新红利。而A股打新红利长期都有不错的收益，是一个完美的现金增强策略。

4. 利用股指期货贴水，做权益投资替代

2015年牛转熊之后，中证500股指期货IC一直保持贴水状态。长期保持贴水甚至大幅贴水状态的原因有很多，在这里不做讨论。临近2022年末，贴水已经大幅缩小，这种现象在逐步消失，但这个现象保持了六七年之久，完全可以理解为一个阶段性的常识。那么买入股指期货IC就相当于在打折买指数，特别是在2015年后的熊市初期，由于悲观预期，贴水非常大且指数处于低位。虽然我们无法判断指数的进一步趋势，指数的低位也是回过头看才能判断出来的，但指数不会无限下跌，这是基本的常识。而不断换月滚股指期货IC，相当于每年都有相对于指数的百分之十几到百分之二十几的阿尔法收益。如果我们本身就想持有相关的权益，那么持有折价的股指期货IC就是一个很好的权益投资替代策略。

可能性原则

一般把追求确定性的叫“投资”，把追求可能性的叫“投机”。投资与投机，都是中性概念，万不可认为投资就是高尚的，投机就是低劣的。世界上只有赚钱和不赚钱的方法，没有高尚还是低劣的方法。做投资的也可能一直挣不到钱，做投机的也可以持续稳定盈利。

投机就是追求可能性，出手以后并不能确保挣钱，只能说有可能

挣钱。可能性原则必须满足两个条件：一是要等大概率时才出手，即有80%或90%的概率会发生时，才能出手；二是在风险和收益不对称时才出手，失误了损失有限，正确时收益很高。

通常来讲，有风险才有收益，有了风险，才有好价格，然后才有好收益。可能性原则的本质，是承担一定的风险来获取超额收益。投资者可以用可能性原则来实现不亏，通俗点讲就是：有赚有亏，但是总体上赚的比亏的多得多。

对投资者来说，从追求确定性到追求可能性，是思维模式的一个大的跃迁。投资者的思维越来越开阔，操作越来越灵活，水平越来越高，能力圈提升得越来越快。

投资者一般可以从三个方面追求可能性：统计结果、解决问题、追逐游资。

从统计结果出发追求可能性

投资者通常只能从统计结果中找出大概率，并不一定能找出硬逻辑，但已经可以根据大概率做投资决策了。正如本书第二章“万物皆周期”一节所述，A股的底部是一条年涨100点的向上斜线，这只是对过去的K线图的统计，未来是否仍能满足是不知道的。如果上证指数跌回这条底线，我们可以进行抄底操作，一是满足了大概率，二是下跌有限、上涨无限，满足了风险和收益的不对称性，所以这个抄底是很有可能取得好收益的。

比如有人根据“五穷六绝、金九银十”来做投资决策，这就需要对历史上A股的5月、6月、9月、10月的指数涨跌进行统计，看是否具有大概率。在我们的印象中，并不存在这样的大概率。

还有人用乖离率做超跌反弹，比如只要指数跌破60日均线的20%就抄底。这个策略总体来说是有效的，但也有一定的风险。因为指数可能继续跌破60日线的30%，投资者需要解决大概率事件失效时如何减少损失的问题。

从解决问题出发追求可能性

上市公司有好多问题必须解决，否则会给公司带来很大的麻烦，这种倒逼方式往往使得企业频繁推出利好。投资者可以事先埋伏，当利好兑现时获利。

比如可转债是企业借的钱，到第六年期满时，企业应该还钱，否则就构成违约。但是企业已经把借来的钱投入扩大再生产了，账面上的现金不够还钱，要么拉抬正股，使转股价值超过强赎价；要么把可转债价格拉到130元以上，然后进行强制赎回。

2020年的澳洋顺昌就面临这个问题。其发行的可转债顺昌转债还有一年到期，澳洋顺昌的货币资金不够还债，又必须解决可转债的问题。结果，澳洋顺昌的股价从7月的3.8元拉升到12月的11元多，涨到3倍。2020年12月14日澳洋顺昌改名蔚蓝锂芯，其后股价涨到了14.33元（见图4-2）。蔚蓝锂芯一年以后甚至最高涨到了33.6元，成为一只十倍大牛股！

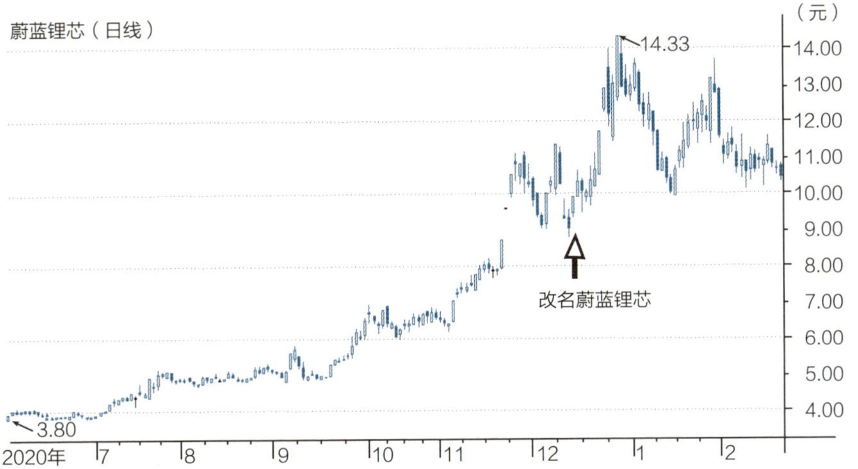

图 4-2　澳洋顺昌 2020 年 6 月—2021 年 3 月 K 线

投资者当然会有疑惑，一家公司的股票拉升这么多，难道是什么资金在推动吗？这个问题或许只有猜测，没有答案。我们能确定的是，这是企业必须解决的问题！

保壳也是企业必须解决的问题。我国证券交易所的上市规则规定，有四种财务类问题将导致企业被实施退市风险警示：一是营收小于1亿元且净利润为负；二是净资产为负；三是审计出具否定意见或无法表示意见；四是财报虚假，重大遗漏。上市规则规定，有上述问题之一，企业第一年戴帽（*ST），第二年退市。于是，戴帽企业第二年必须使出浑身解数，扭转公司局面，从而实现保壳，由此产生“摘帽行情”。这也是一种可能性。

从追逐游资出发追求可能性

追逐游资简称“追风”，大多数情况下被认为是一个贬义词。我们再次强调，投资方法不存在高尚或低劣，所有的方法都在特定情况下有效。

流动性大增是追风的必要条件。在第二章“流动性带来溢价”一节中，我们讲过北交所和新三板“小溪来水”的情况，在一条干涸的小溪，流动性就是新增的活水，当小溪来水时，所有的石头都会被滋润。

在流动性充沛的情况下，板块间轮动和板块内部轮动，就是追风的主要形式。

比如，银行股涨了很多，同属金融板块的地产股和保险股也可能跟涨；石油股被炒高了，同属能源板块的煤炭股和天然气股也可能跟涨。这些相近的板块，其背后可能有一些共同的逻辑，构成了板块间轮动的基础。

又如，可转债市场整体成交量大增的时候，有些可转债一天的涨幅可达30%~40%（2022年8月新规施行后，改为一天涨幅20%封顶）。有些投资者采取摊大饼的方式买入一大堆可转债，哪只可转债暴涨了，就卖掉它，买入还在底部趴着不动的可转债，这就是可转债经典的“打地鼠”策略。这实际上就是游资活跃造成板块内部轮动的一个案例。2022年股市大跌，很多可转债投资者运用这样的策略取得了很高的收益。

预期管理原则

投资的“三个知道”——知道底、知道顶、知道时间，就是标准的预期管理。投资者只要对投资品的这三个指标做到心中有数，在下手时就可以知道最终能取得的收益和将要承担的风险，做到未战而先胜。

股票的预期管理

彼得·林奇将公司分为六种类型：缓慢增长型、稳定增长型、快速增长型、周期型、困境反转型、隐匿资产型。其实说的就是两个字：预期。不同预期的股票，有不同的处理方式，有的做后备，有的做先锋，有的打埋伏，还有的搞追击。

1. 缓慢增长型公司

缓慢增长型公司是指那些经营时间长、规模大、发展稳定、增速在个位数、分红比较多且稳定的公司。投资者持有它们的长期年化收益率在10%左右，如我国的银行、电力、公用事业等行业。缓慢增长型公司波动小，不能期望它们有多大的涨幅，也不要担心它们有多大的跌幅。熊市的时候适合做防守，牛市的时候适合做资金池，一旦有别的机会，可以卖出这类股票去抓住那些机会。

2. 稳定增长型公司

稳定增长型公司是指行业处在格局稳定期、增速在10%~15%、规模比较大的公司，如医药、食品饮料、白酒等行业。投资者持有它们的长期年化收益率可能在15%~20%，因此适合长期持有。但是在A股，受政策影响，稳定增长型公司可以迅速变成快速增长型或周期型公司，投资者对它们的预期也要随之改变。

3. 快速增长型公司

快速增长型公司是指规模小、行业处在高速发展期、增长率在20%以上的公司，如信息技术、光伏、新能源汽车、5G、创新药等行业。投资快速增长型公司的关键在于判断高速发展的持续时间和结束时间。高速发展时投资者可以获得2~10倍的收益，高速发展结束时也可能腰斩。投资这类公司适合采用先锋队方式，主动出击，主动追风口。

4. 周期型公司

周期型公司是指经营受宏观经济、上游原材料、库存数据、下游景气度的影响，有明显的周期性。大部分从事工农业生产的公司属于周期型公司，如机械、有色金属、钢铁、煤炭、化工、航运、养殖等行业。投资这种公司的要点是判断景气周期和衰退周期。景气时投资者可以获得2倍收益，衰退时可能腰斩。投资周期型公司适合采用埋伏的策略，在景气周期低点且产品价量开始提升的时候埋伏进去，静等周期兑现。

5. 困境反转型公司

困境反转型公司是指那些经营不好甚至要退市的公司，股价往往非常便宜，如A股特有的ST股和*ST股。投资这类股票的要点是根据公司公告判断这家公司能否走出困境，以及能否继续满足交易所上市规则。如果公司可以走出困境且满足交易所上市规则，投资者可以获得2~3倍的收益；反之，公司从A股退市进入三板，投资者血本无归。投资困境反转型公司，在投资者对企业经营的判断力不够的情况下，适合采用追击的方式，别人看好它反转，把股价往上拉，就可以进行深研。

6. 隐匿资产型公司

隐匿资产型公司是指那些隐藏了大量资产，没有体现在资产负债表中，而是体现在土地、房产、经济商誉等资产中的公司。比如新世界（SH600628），其在南京路的土地和房产就价值数十亿元。投资隐匿资产型公司要特别关注这些隐匿价值能否变现以及变现时间。仍以新世界为例，它的隐匿资产在相当长一段时间内大概是不会变现了。所以隐匿资产型公司只适合在信息灵通的情况下打埋伏，没有信息就不必耗费时间了。

债券有一个概念——到期收益率（YTM），即债券上得到的所有回报与债券当前价格相比的收益率。债券的特征是终点确定，在未来某一个时间点投资者拿到的钱是确定的，清清楚楚。如果债券价格下跌，到期收益率就会提升；债券价格上涨，到期收益率就会下降。于是，不同债券的价值，用这一个参数就可以进行比较，这叫“归一法比较”。

我们特别认同到期收益率这个概念，投资股票也可以引入这个概念，把不确定的东西确定化：第一，把一只股票的未来状况清晰地描述出来，判断在某一个时点的股价，从此持仓不再迷惘；第二，当期股价偏离了到期收益率，则构成了低估/高估，这是进行仓位管理的基础；第三，把所有股票的价值归一到同一把尺子进行比较，由此知道股票的好坏。

用资产配置和仓位管理构建组合

1. 债性资产和股性资产

资产配置对于普通人来说，无非富余资金去哪里的问题，或者资产要以怎样的形式存在的问题。懂得什么样的资产是保值的资产至关重要，我们先来了解资产的最底层的认知。资产分为两种：一种是与货币锁定的，我们把它理解成债性资产；另一种是与货币分离的，我们把它理解成股性资产。

债性资产包括银行存款、理财产品，债券、货币基金等固定收益资产。有巨大风险的P2P也算债性资产，因为其符合固定收益特征。债性资产并不都是安全的，超过无风险收益率的债性资产都是以本金损失的风险作为补偿的。股性资产包括房产、股票、股票型基金、大宗商品等，具有和货币分离的特点，也就是与利息无关，只与价格涨跌有关。

现代社会的货币是信用体系，纸币发行取决于主权国家的意志，所有国家的顶层思路都是一致的：适度通胀有利于发展，必要的时候甚至可以硬上一波“不太适度”的通胀。新冠疫情期间全世界主要大国都实行了大放水，这也是经济如此不好但各国股市都挺好的原因。

任何事物都有两面性，运用到资产配置里，无风险收益率是一直低于通货膨胀率的，也就是说买靠谱的银行理财肯定是会被通胀吞噬财富的，但为何大多数老百姓还买理财？就是因为理财的确定性高。投资股性资产是需要承担风险来获取收益的。债性资产怕的是通货膨胀，股性资产怕的是资产价格下跌。无论是投资债性资产还是投资股性资产，都需要基本正确的投资价值观和投资能力。有人投资P2P理财获得了高收益，投资者理所当然地认为眼见为实，殊不知一朝“爆雷”，就血本无归。股票是最基础的股性资产，但大多数炒股的人的收益率都跑输了银行理财，并没有达到抗通胀的目标。

2. 仓位管理

投资者只有理解资产配置和周期的理念，才能从实操层面建立基本的资产配置体系。资产配置是一个非常个性化的体系，配置成几个类别，每个类别配置的资产品种、每个类别的占比，都与个人投资目标、能力圈范围，以及承担风险的初心有关，而绝不是简单地把各类资产配置齐全，增加非相关性。

交易类资产按照风险的程度可以分成三类。

第一类：股性权益类，如期货、期权、股票、股性基金、ETF等，具有很高的贝塔相关度。

第二类：非线性权益类，如可转债、期权的某些组合，一些对冲组合等，风险介于股性和债性之间。

第三类：债性投资类，如债券、理财、现金、套利组合、中性对冲组合，风险类似于债券。

仓位管理也就是要解决这三类资产如何配置以及如何动态平衡的问题。最根本的原则是确定性原则，也就是要在能力圈内投资。投资者到底选择交易哪种品类的资产，取决于自己的能力圈。而每一类资产也不是严格进行划分的，比如可转债分股性可转债和债性可转债，基金分股性基金和债性基金。而各大类资产的配比，核心的理论基础就是周期。每一种资产类别都有各自的周期，投资者应选择卖出高估的、买入低估的，实现动态再平衡。具体操作取决于投资者对周期的理解。我们知道周期一定会出现，钟摆一定会摆回，但朝着高估或者低估的方向摆多久、摆多高，谁也不知道。实际的情况往往具有反身性，高估的再高估，低估的再低估，偏离的程度和时间都超出想象。但周期终究会回归，如何操作就要结合艺术和科学了。

投资收益由个人的投资能力所决定，投资风险由投资组合的结构所决定。能力并不能控制风险，风险是由事物本身决定的，而资产配置决定了风险的边界。投资者应根据自身的风险承受能力配置资产和仓位，进行深入研究，从而提高收益。

风控原则

风控源自每个人从反面教材中汲取的经验。风控原则是投资中至关重要的原则，是需要融入血液的本能。大多数投资者都明白这个道理，遗憾的是，在实际操作中能够抵制住暴富诱惑的人很少，“一把赌个财务自由”者多，投资者往往要等到吃了大亏，才知道风控的宝贵。

因为既没有完善的反面素材库，也缺乏时间和专业技能做深入分析，散户的风控机制通常是不完善的。机构有专门的人员进行风控研究，通常来讲其风控机制要完善得多。但是在很多“爆雷”的案例中，机构也不在少数，或许可以解释为机构为了扩大规模和提升排名，违反了风控原则。

所以，风控既是一项非常专业的技能，更是一种意识。所谓意识，就是放在脑子里的东西，而不是列在纸上的东西。有了风控意识，即便技能不够，也未必会踩雷；没有了风控意识，即便有一堆风控机制，也可能形同虚设。

下面介绍几种风控机制。

排雷

排雷，不光要排除有财务造假嫌疑的股票，还要排除那些可能发生暴跌的股票。“可能发生暴跌”，这个预判听起来挺不靠谱，但这就是自然界的生存法则，动物们嗅到危险就跑路，物种才得以延续，不跑路的物种都被消灭了。投资者也需要建立风险预判机制，嗅到危险就跑路，也许三次跑路中只有一次是真的“狼来了”，没有关系，跑错了无非少赚而已，该跑的没跑，就会遭受重大损失。

以下“可能发生暴跌”的情形，投资者如果遇到是需要规避的：

1. 位于景气高点的不买

景气高点的股票，虽不属于业绩造假和业绩变脸等人为因素的范畴，但A股是周期市，又有游资炒作和机构抱团等因素存在，景气高点的股票往往从低位涨了5~10倍，透支了今后数年的利好预期。一旦景气拐点出现，跌幅可能高达60%~80%。投资者被市场情绪所煽动，买在景气高点而造成大幅亏损的，可能占所有踩雷案例的一半以上。那场景，就好像是一场宴席吃到了高潮，人人都吃得肚大肥圆，个个都在喊“好吃，快来！”，然后新投资者一去就买单。所以，“人多的地方不要去”“你赚你的，我赚我的”，是投资者应该秉持的基本哲学。

宁德时代（SZ300750）被网友戏称为“宁王”。2021年有人预测宁德时代在2040年将取得净利润6558亿元，在2050年将取得净利润1.42万亿元。而2022年，宁德时代的走势如图4-3所示。

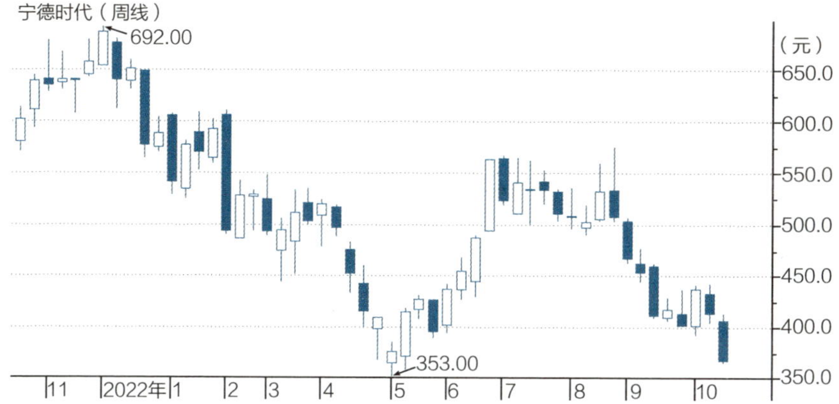

图 4-3　宁德时代 2021 年 11 月—2022 年 10 月 K 线

恒瑞医药（SH600276），创新药龙头，被网友称为“医茅”，即医中茅台，近两年它的走势如图4-4所示。

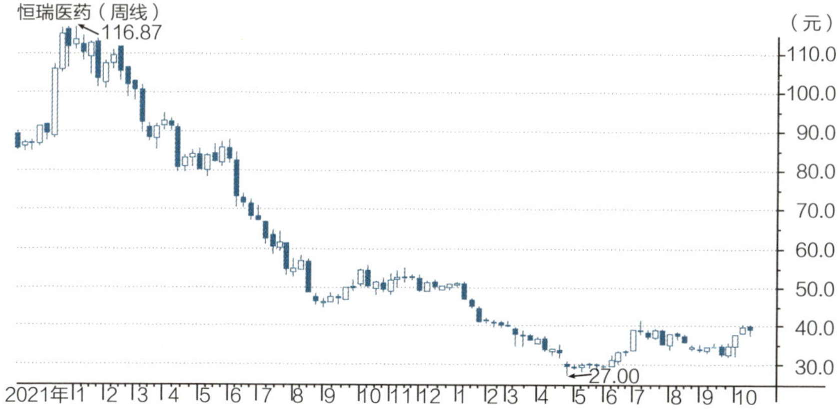

图 4-4　恒瑞医药 2021—2022 年 10 月 K 线

就连“真茅”——贵州茅台（SH600519），即便一直处在价量提升的景气上升期，在2021年初达到2627.88元的历史高位后，盘整了一年半，也终于开始要投资者买单了（见图4-5）。

图 4-5　贵州茅台 2021—2022 年 10 月 K 线

景气高点不能买的逻辑有三条硬道理。第一，A股历史上，一两年内涨了5~10倍，后面一年再涨1倍的股票有多少只？可能不到50只。第二，该买的都买了，还有谁把它买上去呢？第三，所有可能的利好都被预测了，还有什么出乎大家预期的利好呢？

股价涨不上去，那就只能啪啪地往下掉咯。

2. 不符合商业逻辑的不买

2021年以前，上市公司财务造假是很普遍的现象。第一个原因，惩罚力度太轻，相关责任人顶格罚款仅60万元；第二个原因，上市公司是会计师事务所的客户，会计师事务所为了不丢单，不仅没有起到“看门人”的作用，有时甚至还配合上市公司一起造假。

在2019年发生了康美药业造假数百亿元等恶性事件后，新《证券法》才得以修订，但财务造假仍不鲜见。财务造假的通常手段有：虚构收入或提前确认收入；转移费用、费用资本化、推迟确认费用；虚增资产；多提或少提资产减值准备和信用减值准备，以调控利润；关联交易非关联化；等等。

识别财务造假需要一定的专业会计技能。投资者可能不是那么精通会计，但要对上市公司实行有罪推定。只要上市公司的业务有不符合商业逻辑的地方，就把它打上可疑标签，等疑团彻底解开才能把标签摘掉。

比如“大存大贷”，企业手握大笔现金，还要到处借钱，就是明显的不符合商业逻辑。以康美药业（SH600518）为例，康美药业从事中药饮片的生产和销售业务。2018年收到证监会违规调查通知后，公司发布会计差错更正公告：公司核算账户资金时存在错误，造成货币资金多计入300亿元。消息一出，市场一片哗然，这是近年来最大的财务造假案例之一。康美药业也被实施退市风险警示，成为*ST康美。康美药业2017年末账上现金及等价物高达340.6亿元，净利润41亿元，利息支出12亿元，利息支出占净利润的约30%。一边有340.6亿元的现金，一边却付出高成本去融资，说明公司实际上很缺钱。结合公司发债的票面利率为6.8%，高于央行规定的同期4.75%的贷款利率，所以康美药业的现金及等价物是值得怀疑的。

同样的道理，“一边分红，一边融资”，也不符合商业逻辑。中国恒大等房地产企业前些年就在玩这样的游戏，最终掩盖不了它们缺钱的事实。

不符合商业逻辑的情况还有很多，投资者可以根据常识来判定。

本书列举以下几种情况，供投资者参考。

第一，毛利率显著高于同行。除非是像茅台这样有品牌壁垒的企业，如果从商业模式上找不到企业经营比同行高明的硬道理，毛利率高就是不合理的。

第二，经营现金流与净利润长期不匹配。公司的净利润逐年增长，但经营性现金流净额却不尽如人意，原因多半在于净利润都藏在应收账款、预付账款、存货、在建工程和固定资产里面，账上赚了好多钱，兜里却没钱。

第三，应收账款快速增长。东西都卖出去了，钱还没有收到。如果顺着查下去，可能就存在签订假合同虚增收入的事情。

第四，低工资、高利润。低工资说明行业进入门槛低，能做的人很多；而行业利润高，就会有无数人冲进来，把整体利润率打下来，所以这种情况不合常理。

第五，大股东高质押率。这种情况要么大股东很缺钱，要么大股东不看好公司股权，总之都是问题。康美药业控股股东股权质押比例高达99.53%，几乎全部质押。

3. 有人质疑的不买

雪球、集思录等各大投资论坛上有很多专业的投资者，会对某些上市公司提出疑问。也许个人投资者人微言轻，对市场的影响力也有限，但我们建议投资者对负面信息时刻保持较高的敏锐度，对上市公司采取有罪推定。因为这么多年来，凡是被质疑造假的、最后实锤造假的公司，数不胜数！比如，2012年12月15日，中能兴业博客发布了一篇报告——《康美谎言》。开篇就是这句话：

康美药业在土地购买和项目建设上涉嫌造假，至少虚增了18.47亿元的资产，几乎是公司2002—2010年9年净利润的总和。

4. 交易所反复问询的不买

交易所问询函是非常宝贵的证伪资源。交易所的老师们非常专业，洞若观火，很多事情他们不便直说，以问询函的方式提醒投资者保持警惕。以交易所2017年对康得新的问询为例，简直是一针见血：

（1）存贷双高，账面资金185.04亿元，有息负债110.05亿元，财务费用5.53亿元；（2）毛利率显著高于同行业，且变化规律与行业背离；（3）应收账款周转天数从2014年的76天，增长到2017年的144天；（4）出口的港杂费变动比例明显和收入的增长比率背离。

针对上述交易所的第4条询问，康得新解释收入的增长是因为商品提价了30%。一个商品提价30%是什么概念？这绝对不是一件轻而易举的事情，况且2017年的毛利率反倒比2016年低，这怎么说得通？虽然交易所肯定会觉得这样的答复逻辑不通，但是，交易所只能通过发问询函的方式尽到提示责任：我觉得它有问题，你们要买它的股票是你们的事。

5. 股权结构有问题的不买

公司问题的根源，很多都能归结到股权结构上。个人绝对控制的、家族绝对控制的、两个大股东发生控股权矛盾的企业，投资者都要小心。

个人绝对控股的，公司安危系于一人，一旦这个人出现意外，就会对公司产生重大负面影响。比如，天圣制药原董事长刘群涉嫌行贿罪入狱，天圣制药即被戴帽（*ST天圣）；利源精制的实控人王民因病去世，业务当即停止，利源精制也被戴帽、重整。

家族绝对控股的公司，也是公司治理的重灾区。以康美药业为例，在其治理结构中，马兴田是董事长，也是公司的总经理，其妻子许冬瑾是公司的副总经理，其家族拥有对康美药业绝对的控制权（见图4-6）。

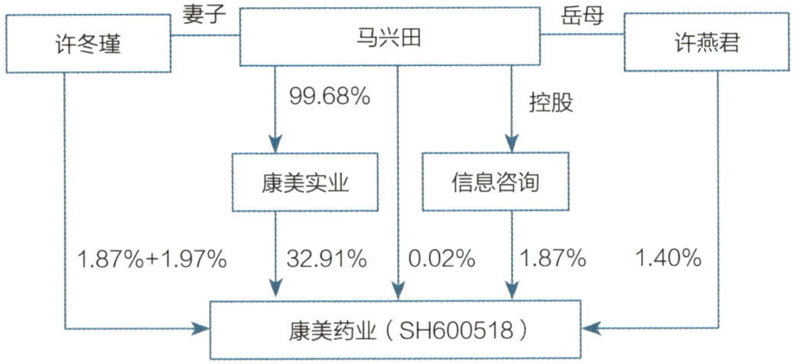

图 4-6　康美药业股权结构

马兴田既是公司的实际控制人，又是董事会和经理人的实际领导者，这种情况下实际控制人凌驾于公司的治理机制和内部控制之上，是轻而易举的事情。

两个大股东发生控股权矛盾，会导致公司的正常经营出现问题。以徐州海伦哲（SZ300201）为例，新老控股股东内斗，一度上演“抢公章”戏码。2022年4月，因财务报告被出具无法表示意见的审计报告，海伦哲被戴帽。

6. 业务不靠谱的不买

面对不熟悉的新业务，投资者需要咨询一下业内人士，业务不靠谱的不能买。

以康得新的裸眼3D为例。2016年，康得新通过定增募集资金48亿元，其中23亿元用于裸眼3D（见表4-1）。这是康得新彻底失败的项目，没有产生丝毫的收入。投资者如果实地去看一下裸眼3D的效果，或者咨询一下业内专家，是不会上这个当的。

表 4-1 康得新 2016 年募资投向

单位：万元

序号	项目名称	项目投资总额	拟投入募集资金	项目备案情况
1	张家港康得新光电材料有限公司年产1.02亿平方米先进高分子膜材料项目	517718.90	150000.00①	张发改备【2014】793号
2	张家港康得新光电材料有限公司年产1亿片裸眼3D模组产品项目	231342.70	230000.00	张发改备【2015】804号
3	偿还银行贷款	100000.00	100000.00	
合计		849061.60	480000.00	—

①公司通过前次非公开发行股票投入募集资金300000.00万元用于该项目建设。

又以乐视网为例。乐视网推出了所谓的“乐视模式”，即“平台+内容+终端+应用”，并创造了“生态化反”“开放的闭环”“为梦想窒息”“蒙眼狂奔”等稀奇古怪的词汇，如图4-7所示。

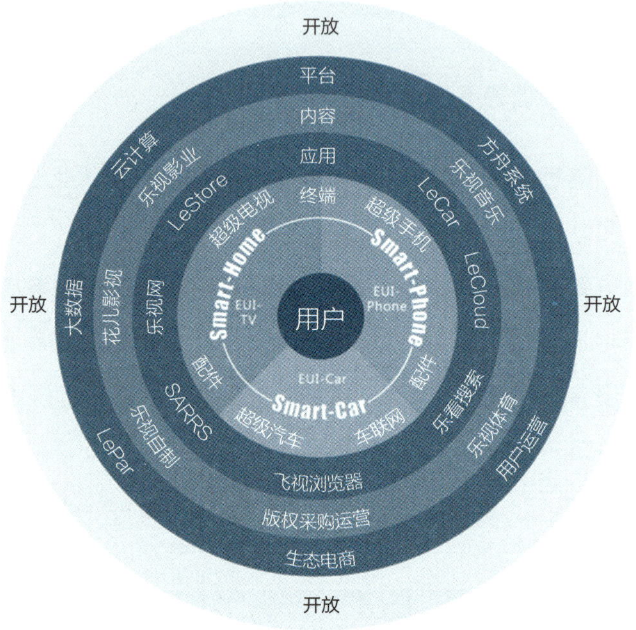

图 4-7 乐视网的生态图

投资者只需要了解一下乐视网涉足了视频、影视、云、体育、新媒体、盒子、电视、金融、手机、汽车等如此多的行业，只有一个是微利，其他全部是亏损，就会在心里产生疑惑：企业的商业本质是盈利，这么烧钱的企业，能长久吗？

我（资水）的一位朋友曾经看中AR/VR行业的一只股票。他认为该行业未来将代替手机行业，前景十分广阔，咨询我的意见。我正好是相关领域的专家，写过调研报告，所以告诉了他几个要点：

（1）北京理工大学AR/VR领域的首席科学家做过报告，因为视平面和焦平面不在一个平面上，所以AR/VR设备从理论上就无法解决眼睛肿胀和眩晕的问题。影响视力的东西注定是要失败的，立体电视就是一个很好的例子。

（2）AR/VR代替手机这个说法是非常外行的。无论从输入法、续航、重量等方面，手机屏都是最适合携带的一块屏。

（3）智能设备一定是需要精确输入的，如触摸屏，能精确到点阵和字符。而AR/VR设备的输入法是语音识别或手势输入，属于模糊输入。模糊输入是不可能100%正确的，那么输错了要改正的代价就非常巨大。比如想输入“昂山素姬”，结果语音识别成“鞍山书记”，这时AR/VR设备要改正就非常困难。

（4）戴在头上的东西，不能太重，于是续航就存在问题。

（5）AR/VR设备只能是手机的附件，不可能代替手机。这个结论也是手机行业的常识。

于是我那位朋友打消了买AR/VR行业的股票的念头。

7. 造假高发地域要小心

地域歧视是政治不正确的，但作为投资人，要对自己的钱包负责。经济不景气的地方、做事讲人情不讲法治的地方、历史上“爆雷”案例比较多的地方，这些地方的上市公司，投资者要小心提防，就是要“戴着有色眼镜去看人”。

8. 造假高发行业要小心

农业就是造假高发行业，如蓝田股份、獐子岛等，原因如下：

（1）生物资产不好盘查。如水里的甲鱼和扇贝，生物资产盘查的难度大且误差大，存货受自然环境的影响非常大。当公司出现不利因素时，经常用生物资产的隐蔽性掩盖问题。（2）采购交易对象分散。大量的小客户，而且这些客户大多是个体工商户，要伪造收入很容易。（3）造假成本低。因为国家对农业股大多有税率上的优惠，所以收入造假的税收成本很低，一些别有用心的农业上市公司就会钻空子。

9. K 线图有庄股嫌疑的要小心

一般认为，庄股的K线图有如下特征：

（1）走势我行我素，和大盘几乎没有关系，如图4-8所示。

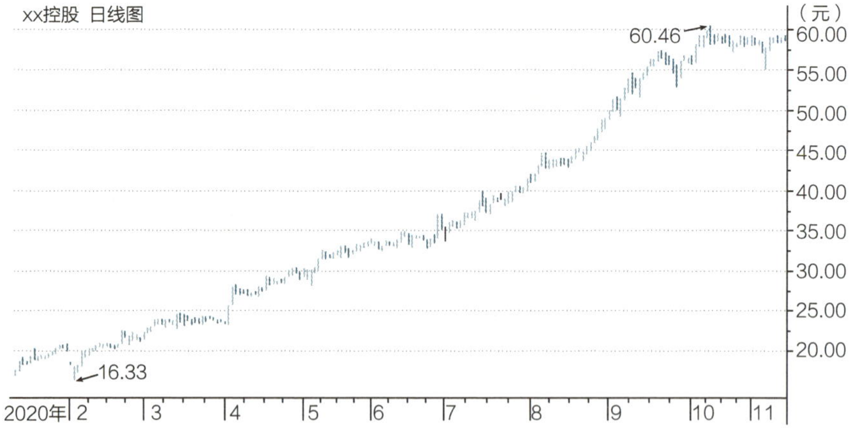

图 4-8 某股票走势完全独立于大盘

（2）多为十字星+长上（下）影线，“毛刺”很多，如图4-9所示。

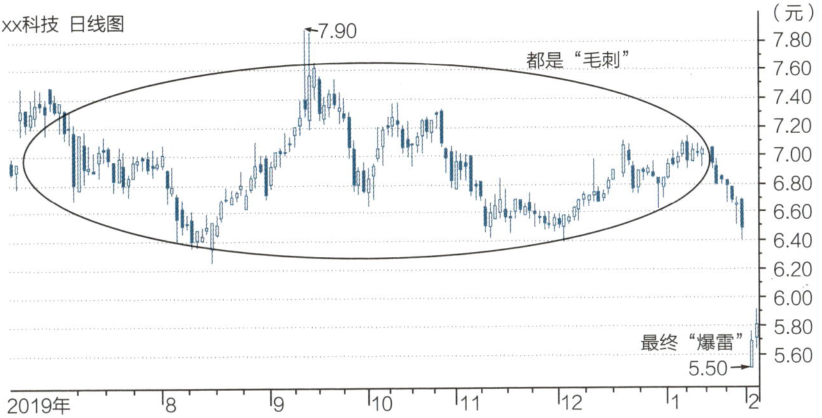

图 4-9　某股票 K 线图都是“毛刺”

（3）分时图多为心电图走势，成交不连续，直上直下，如图 4-10所示。

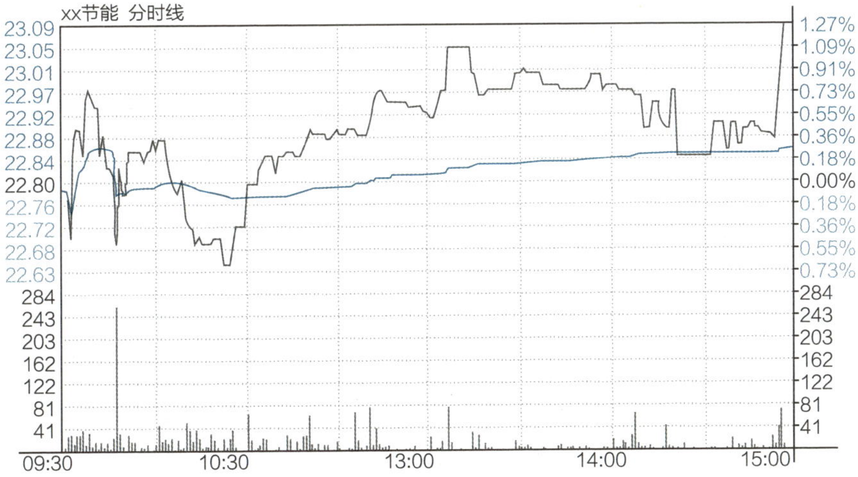

图 4-10　某股票分时线不连续

低相关性

现代投资理论中的相关性理论是指相关性低的品种组合在一起，可以降低波动，被视为“免费的午餐”。市场上的各种基金中，货币基金最稳定，但收益率很低；指数基金或主动型股票基金可能有较高的收益率，但波动也很大；就连债券基金遇到特殊情况也会有不小的跌幅；而选择股债二八平衡的二级债券基金的波动很小、很稳定，收益率也不低，债券组合中加入少量股票后，在降低波动率的同时还可以提高收益率，这个效果真的很奇妙，而投资者也获得了“稳稳的幸福”。

实际上，二级债基就是“固收+”基金的一种。市场宣传的保本基金的运作原理也是一种更为保守的股债平衡，股票配置仓位是根据债券预期可获得的利息决定的，即债券的预期收益等于股票仓位的极限亏损，从而做到不亏损。债权类、现金类资产和权益类资产具有比较低的相关性，所以简单的控制风险的做法就是降低权益仓位、增加债性仓位。但降低权益仓位的同时降低了收益的可能性，那么在不降低权益仓位的情况下，是否可以通过配置低相关性权益类资产来控制风险呢？答案是肯定的。

只要两种权益投资回报的收益率分布呈现出不同的结构，那么它们就可以被定义为两个不同的资产。假设多个权益类资产，如A、B、C三只股票，都受股市大盘同一收益驱动要素影响。A是养猪股，B是芯片股，C是旅游股，我们把大盘因素剥离，三者应该体现各自行业股票的特征，为低相关。那么，只要养猪股、芯片股、旅游股长期都可以跑赢大盘，投资者在获得同样收益时所承受的波动就会更小。所以，投资者不一定需要选择完全非相关的股债资产，还可以选择相对大盘具有正期望阿尔法的非相关组合，进而得到一个稳定跑赢股市大盘的组合。

更进一步的方法是资产配置组合里使用多种低相关性策略，构建几个相关系数小的正阿尔法策略，比如可以囊括期货策略、股票策略、基金策略、可转债策略、量化对冲策略。只要保证每种策略都具有正期望，那么无论行情如何演化，都不会翻车！组合净值会稳稳地上升。

分散

投资的核心目标是首先衡量自己所能承受的最大风险，然后在给定风险的前提下最大化地提升收益。因为收益和风险之间的性价比不是线性函数，而是一个凸函数，往往在风险特别低和特别高的情况下性价比极低。

在风险特别低的情况下，比如满仓买货基，投资收益会非常低，绝大多数投资者都不会选择这样做。在风险特别高的情况下，比如满仓博弈杠杆类交易品种（如期权和商品期货），即便执行一个稳定正期望的策略，且以往大多数统计结果充分证明了终将获利，绝大多数投资者也无法坚定持有。这牵扯到心态问题，极少数能够坚定持仓的人不是发财了就是破产了。

在正常情况下，高风险对应高收益，低风险对应低收益。但分散投资是投资世界中唯一的“免费午餐”，它可以让我们不付出任何代价，在等额风险的情况下取得更高的收益，或在等额收益的情况下承受更低的风险。

既然这样，投资者是不是应该分散买股票？只有策略收益是正期望的，投资者才会享受“免费的午餐”，这是分散投资的前提。我们真正要做的，是找到很多只大概率能跑赢指数的个股，然后进行分散投资。分散投资不改变期望收益，亏损的策略再怎么分散也是亏损的。

集中投资可以提高收益，但也会提高风险；分散投资可以降低风险，却也会降低收益，这个道理是显而易见的。分散投资从概率上会让组合的收益尽量保持在中间位置：虽然不能给投资者带来最大的收益，但会避免最大的亏损，影响整体收益的重要因素是集中投资部分的收益。平衡集中和分散的关键就是集中投资的确定性原则，即一定是自己能力圈内具有高确定性的策略才可以进行适度集中。而对于普通投资者，认定能力圈的边界本身就有一定的难度。因为风险是在投资的那一刻被动选择的，正如股票的波动率基本上高于债券，在你选择这一品种的时候就已经注定了，并不能靠自认为的能力去避免风险。投资者认为的能力圈内的高确定性并不一定符合集中投资的确定性原则，因此要扩展自己的能力圈、扩大自己的投资范围，不要局限于如股票这样单一的投资品类和固定的投资策略。

确定性就是概率。但你觉得确定的事情，别人也会同样觉得确定，这就会降低赔率。概率反映的是期望达成的可能性，赔率反映的是期望达成时的收益率。投资的最终收益=概率×赔率，这两者一般会相反，偶尔也会有统一的时候。最理想的状态当然是高概率和高赔率，但这样的机会并不多见。所以出现这种机会的时候，投资者应如查理·芒格所说，好机会要集中投资。

对于普通投资者来说，首先要构建自己的弱者体系，假定投资者在信息获取、理解深度、时间精力、情绪控制等方面都处于这个市场弱者的水平，能依靠的只有时间、赔率与常识。强者会进行深度研究，让盲区消失，所有方面都要掌握；弱者是只要结果不呈现就可以视而不见，强调的是简单。所以投资者在大部分情况下都应该依靠赔率，选择分散投资，持有低相关性资产，选择低相关性策略，用赔率抵御风险，用常识增加确定性。所以，分散投资不仅可以让投资者享受“免费午餐”，对其能力和心态的要求也相对宽松，使投资者更容易做到知行合一。

当出现真正的能力圈内的确定性高的机会，哪怕概率和赔率不统一，只要符合确定性原则，投资者就可以采取集中投资的方式。这种确定性更多地来源于以规则为逻辑起点的强逻辑策略，更少地来源于主观的强者认定的弱逻辑策略。每个投资者的情况不同，真正遇到自己可以看懂并能够进行穿透性研究的机会时，就可以选择做强者，弱逻辑也可以变成高确定性，这也是阿尔法收益的重要来源。

逻辑验证短周期

文艺复兴公司在投资界有一个传奇故事：这个由西蒙斯领导的一群科学家组成的量化投资公司，其内部大奖章基金连续三十多年取得了超高的投资收益。表4-2是大奖章基金1990—2018年的投资收益情况。

表 4-2　大奖章基金 1990—2018 年收益率

单位：%

年份	扣除费用前收益率	年份	扣除费用前收益率	年份	扣除费用前收益率	年份	扣除费用前收益率
1990	77.8	1998	57.1	2006	84.1	2014	75.0
1991	54.3	1999	35.6	2007	136.6	2015	69.3
1992	47	2000	128.1	2008	152.1	2016	68.6
1993	53.9	2001	56.6	2009	74.6	2017	85.4
1994	93.4	2002	51.1	2010	57.6	2018	76.4
1995	52.9	2003	44.1	2011	71.1		
1996	44.4	2004	49.5	2012	56.8		
1997	31.5	2005	57.7	2013	88.8		

这个收益率看起来有点梦幻。大奖章这个只能由内部员工购买的基金，不对外公布任何信息。据猜测，它的投资范畴主要是外汇、商品期货、股指期货、基金、股票短期交易（占比不高），规模限制在100亿美元。重点是基金的收益不是复利收益，而是每年都要把盈利分红掉，每年都保持100亿美元的规模。大奖章基金有几千个策略并行运行，交易周期有秒、分钟、小时、天、周，都是短期概率占优的短期策略，其底层逻辑就是利用数据发现规律，并利用规律。这个逆天的业绩让巴菲特、达利欧、彼得·林奇也相形见绌。其实投资者看基金的规模就明白了，把大奖章基金装入以上几位大师管理的基金，差不多占2%的仓位。如果你的2%仓位业绩逆天，对你的整体业绩并没有本质上的帮助。文艺复兴外部基金规模比内部大很多，但与内

部大奖章基金的业绩差距甚远。原因是成立外部基金时的初衷非常明确，即解决容量问题，只做逻辑验证周期长的股票策略。

早年的大奖章基金业绩并不突出，有亏有赚，1990年取得突破后，就一直保持高收益，且无一年亏损。这个突破就是只做确定性强的、验证周期短的交易策略，去掉了验证周期长的交易策略。

我们做的每一个交易都有其逻辑起点，整个投资周期就是逻辑被验证的周期。而投资周期的长短，对风险控制起到决定性作用，周期短可以大大地提升风险控制能力，控制回撤，增加收益。

首先，人的行为认知习惯是由反馈模式造成的，逻辑验证的周期短，反馈纠偏迭代的机会就多，投资策略会在短时间内被验证是不是正期望策略。如果不是正期望策略，该策略很快就会被放弃，投资者也不会有太大的损失；如果是正期望策略，即便概率微微占优，只要周期足够短、频度够高，也会积累出明显的优势。其次，逻辑验证的周期短，系统性的其他变量就会少，进而逻辑变化的可能性低，难度就会降低，也更容易成功。

下面我们站在强弱逻辑的角度，结合逻辑验证的长短周期，分别举例来说明。

1. 强逻辑短周期

分级基金对冲股指期货折价套利策略就是强逻辑短周期。这个策略前文详细说过，首先分级基金的折价是由规则决定的，一定会被吃到，属于强逻辑，而完成这个逻辑的验证时间就两天，具有强逻辑短周期的特点。实际操作的结果也是盈利最稳定且最容易实现的类别，参与的投资者，基本都能获得不错的收益。

2. 强逻辑长周期

A股执行市值打新制度后，上证50指数权重配股票对冲50期货或期权空头的打新策略，就是强逻辑长周期。虽然这个策略运行的周期长，但每一轮的打新收益验证周期却是短的，收益消失时可以及时停止这个策略。

转债的到期博弈策略也是强逻辑长周期。进入2年回售期的转债，会以什么形式结束？这个策略的逻辑验证时间并不短，其间还受其他变量的影响，但只要围绕到期收益率这个强逻辑来设计策略，就具有"下有保底、向上无限"的高赔率优势。

3. 弱逻辑短周期

比如转债下调博弈策略，即从公司董事会公布提议下调转股价，到召开股东大会审议是否下调及是否将转股价下调到底这一段时间，根据赔率来参与转债博弈的策略，就是弱逻辑短周期。无论依据怎样的判断参与此类交易，逻辑验证结束的时间都是确定且短期的。即便不符合预期造成亏损，也是之前预计好的，且随着验证时间的到来也会截断进一步的亏损。

又如期指日内博弈交易策略，也是弱逻辑短周期。期指日内的博弈具有非常强的对抗性，属于强者的游戏，即便积累起来一点正期望优势，也只是弱逻辑。但随着不断被验证，真正能够建立起来这一点优势的强者，会因为验证周期足够短、频度足够高，取得非常高的收益。在这个强者游戏中能够胜出的人，实际上风险控制做得比较好，能够做到每年稳定盈利，就是因为验证周期短，反馈及时。

再如事件驱动策略，也是弱逻辑短周期。事件驱动策略有一个共同的明显特征，即逻辑起点由一个逻辑清晰的具体事件驱动，如某种商品突然涨价、发生某重大事件、企业突发困境，特征是“突然”。有的造成股价暴跌、反应过度，有的影响深远但反应不到位，存在预期差，但一般会在几个月时间内对未展开的逻辑进行充分验证。逻辑验证的时间相对是短的，影响变量相对是少的，投资者在享受高收益可能性的同时承担相对的低风险。

4. 弱逻辑长周期

企业基本面驱动的股票价值投资策略，就是弱逻辑长周期。主流的投资基金基本采取这一策略，这也是最拥挤的投资赛道。价值投资这个领域有复杂的不确定性和难验证性。根据企业基本面驱动的逻辑验证时间是超长的，从反馈到认知的迭代完全靠自己实践是很难的，还需要学习别人的案例，这也是大部分投资者认可价值投资的理念但践行不好的原因之一。

投资世界里，强逻辑是稀缺的，难度在于发现与创新。但投资者只要掌握了强逻辑策略的方法，即便投资能力和心态都比较欠缺，执行起来也会取得差不多的收益。因此投资行内每个对冲基金都不会讲清楚自己的具体策略。在普通投资者的世界里，绝大部分策略还是弱逻辑。弱逻辑的关系很容易被理解，难度在于运用的细节，既需要个人能力的支撑，也需要心态的支撑。

高手可以把大多数人眼中的弱逻辑做出强逻辑的效果。比如涨价题材的事件驱动，逻辑清晰谁都能懂。但做这个策略门槛很高，除了要熟悉行业的专业知识，还要掌握持仓操作的仓位控制和交易技术，以及行业内某种产品价格变动对不同公司产生的影响，变量因素很多，且多因素互动之后的结果难以掌控。即便如此，涨价题材事件驱动这个方向仍然是一个具有研究复利的好方向，因为逻辑清晰、验证时间相对较短且具有确定性，投资者可以不断地学习、积累相关知识，并从交易实践中不断地得到反馈，积累经验。

从强逻辑到弱逻辑肯定是一个渐变的范畴，没有绝对的强弱，高手的超额收益大多建立在弱逻辑上的强者表现。而逻辑验证短周期的确定性可以大大降低难度、控制风险、增加收益。普通投资者在逻辑强弱方面应尽力而为，从逻辑验证短周期的策略开始，通过反复的从认知到反馈，循序渐进，熟能生巧，构建自己的能力圈。

对冲

首先需要明确的是，利用杠杆工具对所持有的头寸进行保护，这样的做法对风险控制产生的作用是中性的。对冲这种行为虽然并不会对风险控制产生本质影响，但的确是强化风险控制的重要手段，核心还是要投资者根据自己的持仓状况进行合理运用。特别是期权这种非线性的杠杆工具，可以提供更多的选择，满足不同场景的需求。下文分别介绍几种具体情况，来说明对冲手段对风险控制的影响。

1. 构建中性对冲组合，追求阿尔法收益

中性对冲是指对冲两边持有的头寸价值一样，目的是屏蔽大盘涨跌这样的系统性波动，只追求相对的阿尔法收益。下面举几个具体的例子。

对冲打新组合。这是绝对的中性对冲，对冲两边的涨跌会完全被屏蔽，要的是持有市值，从而有打新股的权利，阿尔法收益只是打新收益，持仓组合收益保持动态为零。

LOF基金对冲指数期货或期权，如持有明星基金经理谢治宇的兴全合宜和兴全合润，对冲300ETF期权的合成空头、保险策略、领口策略。其阿尔法收益来源于三个方面：一是看好基金经理跑赢指数的能力；二是兴全合宜和兴全合润是LOF基金，在持有份额不变的情况下有折溢价套利机会；三是期权端根据行情预判进行调整的阿尔法收益。但这三个方面都只是统计套利和择时范畴的阿尔法收益，都不具有确定性。

2. 根据对行情的预判进行择时对冲

我们的权益持仓对应各自的持仓逻辑，如以企业基本面逻辑驱动的价值投资，如果持仓的企业基本面并没有出现任何不符合预期的情况，按照价值投资持仓原则应该坚守不动，等待企业的良性发展带动

股价进一步提升。股票策略需要逻辑的一致性，这样才能做到知行合一，不为波动所困。

例如2015年6月贵州茅台的股价为270元，之后大盘暴跌，贵州茅台最低跌到170元。回头看，精准躲避这个大跌是不太可能的，而后面就是茅台的大牛市，最合理的方式应该是遵循初心，坚定持有贵州茅台。但如果在2015年6月预判大盘整体处于高估泡沫阶段，存在明显的系统性风险，就可以择时对冲一部分50指数空头头寸作为整体持仓的保护，起到平滑收益和缓解情绪的作用。这种对冲方式是一种择时，后视镜看完美无缺，实际操作中难上加难。对于普通投资者来说，这种对冲方式很难起到正向阿尔法作用，但可以获得情绪价值。因为对冲的动作本身就是投资者对预判的表达，可以有效地缓解情绪和压力。投资者不至于在更坏的情况下情绪失控，可以更好地将持仓头寸的逻辑执行到位。

3. 根据对特殊事件的预判进行模糊对冲

投资者经常会遇到一些对资本市场有巨大影响的特殊事件。而这样的事件从发酵到真正展开是一个渐进的过程，在事态发展模糊不清的时间点上，投资者可以采取模糊对冲的方式来规避风险。

例如，2020年1月23日是春节前的最后一个交易日，新冠疫情初发，谁也无法准确地估计疫情的发展及产生的影响。股市在避险情绪的作用下也有了相应的反应，上证指数下跌了2.75%。这个时候，对于绝大多数投资者来说，春节长假之后要么是虚惊一场——股市涨回去，要么是疫情严重——股市跌下去。那么投资者该如何应对呢？减仓和加仓都是赌博式的预判，在市场明显由这个特殊事件驱动运行的时间点上，可以换仓买入一部分疫情受益股，在权益头寸整体仓位不变的情况下，完成对整体头寸的风险保护。如果疫情不严重，权益仓位还在，而疫情不会彻底消失，疫情受益股也不会有大的跌幅；如果疫情严重，疫情受益股的高弹性收益应该可以抵销其他持仓带来的亏损，从而在这个特殊时间点上完成了一个高赔率且风险可控的模糊对冲。

这种运用模糊对冲控制风险的方式，只有在特殊事件占市场主要驱动因素的不明朗期才是行之有效的方法。这需要投资者有敏锐的观察力、果断的执行力、对事件驱动受益股的甄别能力，但这种模糊对冲的思想可以延展运用在很多场景，如何运用就要看投资者平时下的功夫了。

第五章

精研匹配自身的策略

投资策略概述

每个人都有自己的投资策略或者挣钱方法，市场上可能有几千种策略。按照周期、价值、量化（统计）、规则、博弈等五个维度，我们将知道的或听说过的投资策略进行汇总，如图5-1所示。

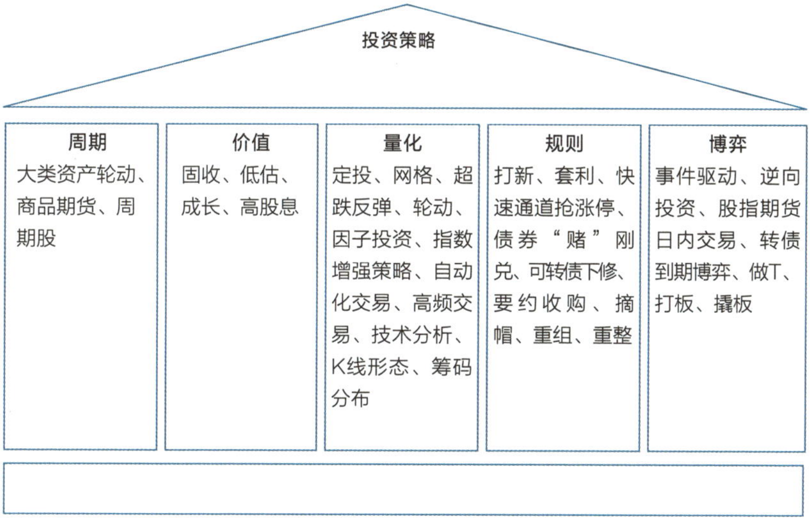

图 5-1　投资策略汇总

需要特别强调的是，策略是一个中性词，并不表示盈利，只是投资者的一件“兵器”。投资者只有精修技艺，思考市场逻辑，在正确的市场应用正确的“兵器”，才能取得盈利。显然，投资者不可能掌握所有的策略，一般地，精研三四个策略，就可以取得相当不错的长期收益了。

周期类策略

1. 大类资产轮动

投资者可以从宏观经济基本面、国家的货币政策和财政政策，判断股票、债券、商品和现金理财等的周期，抄大底，逃大顶，进行大类资产轮动。大类资产轮动对投资者的知识面要求非常高，既需要清楚宏观因子作用于微观行情的逻辑链，也需要清楚各类证券品（如股、债、商品和现金理财）的周期。大类资产轮动的难度也非常高，它的目标是“躲过系统性风险，抓住系统性机会”。

2. 商品期货

投资者可以通过判断商品的景气周期，在商品期货市场单向做多或做空。商品期货杠杆率较高，一般是7~10倍，由此产生了很多暴富神话。但是我们观察到商品期货市场的几个现象，请读者朋友思考，谨慎选择这条道路：第一，现货交割者可能是期货交易者的对手盘，而且实力强大；第二，期货市场无韭菜，都是高手之间互割；第三，从一些爆仓跳楼的期货大佬的报道看，他们的资金量在五六千万元，这大概就是期货市场的资金容量上限，再大就没有足够的对手盘来输给他们了。

3. 周期股

投资者可以通过判断商品或行业的景气周期，买卖周期股。相比商品期货交易，股票交易除了没有杠杆、风险较低外，还有一个很重要的好处是从商品价格变化到股价变化有一个时间差。持续跟踪商品价格变化的投资者，比普通投资者多了信息方面的提前量，于是就有了较高的胜算。近几年由于基金抱团，周期股的涨幅都是惊人的，常常高达10倍。比如在集运的景气周期，中远海控的股价涨了10倍；在新能源汽车的景气周期，比亚迪的股价也涨了10倍。投资周期股要特别注意的是，通常景气高点比业绩高点要提前半年到一年，如果按照价值投资理念估算业绩高点来买股票，而景气高点已过，高位套牢的损失就会极其惨重。

价值类策略

4. 固收

固收是固定收益的简称，即买货币基金、理财产品、债券、债券基金等以及逆回购，每年取得4%~8%的稳定收益。固收一般作为资金池使用，即投资者发现行情不好，且市场上没有好机会的时候，用钱买固收产品，取得比定期存款稍好一点的回报率；如果行情转好，投资者就可以迅速把子弹打出去。

5. 低估

当股票的价格远远低于其内在价值时，就可以选择买入，静待估值回归。所谓“贵出如粪土，贱取如珠玉”，买低估就是买便宜货，很朴素的道理。但是买低估很容易碰到的情况是低估之下还有更低，或者低估状态持续一两年，估值长期不回归，这叫作“低估值陷阱”。比如B股和港股就是长期低估的，投资者必须解决低估值陷阱问题。

6. 成长

很多人吃了低估值陷阱的亏后，知道通常股票低估自有低估的原因，开始转向成长股，即不追求绝对的低估值，只要“合理估值+高成长”即可。企业快速成长，往往市场给的估值倍数也会提升，于是可以获得“业绩成长+估值提升”的“戴维斯双击”。买成长股是基金公司宣传最多的策略，但凡讲自己是价值投资的基金都会拿成长股来说事。我们提醒读者朋友，成长股不是那么好选的，很多时候连经营者自己都不确定企业的成长性，如马化腾早年就想出售腾讯股权。投资者所知道的成长股，通常都是别人告诉的、灌输的，没有调研企业经营情况，没有参加股东大会，拿二手信息来做成长股，是标准的伪价投，其蕴含的风险是不言而喻的。

7. 高股息

股息率长期高，说明企业挣的是“真钱”，这样的企业通常比较靠谱。但是高股息率也通常说明行业格局稳定，企业扩大再生产比较困难，成长空间有限，因此企业宁可把钱分掉。投资者在投资高股息股时需要降低预期，通常是获得一个稳定的中低收益。股息就是主要的收益，不能期待股票价格有多高的涨幅。

量化类策略

8. 定投

定投就是每周或每月投一笔，理论上收益率是该证券品的长期增长率。比如定投沪深300，理论上长期收益率是10%左右。不过在A股做定投实在太难了，因为A股是周期市，投资者做定投需要克服天崩地裂般的持续下跌，心理素质需要过硬到机器人级别才行。在投资生涯中，我们还没有碰到长期坚持做定投的人。说实话投资者如果有这份毅力，很少有事情是干不成的，坚持价值投资的话成就会大得多。实操中，定投不是简单的每月进行投资。投资者需要对大盘水位进行判断，低于某水位才能做定投，高于某水位就应该做兑现，这样才能提升定投收益率。

9. 网格

网格交易就是做波段。假设证券品的波动处于一个区间范围内，那么跌破某个起始价位时，投资者就开始建仓，每跌破一格（如5%）就加仓一笔，可以倒金字塔买，即跌破5%买到1份，跌破10%买到2

份，跌破15%买到4份，以此类推，直至达到仓位上限。证券品上涨的时候就倒过来，涨到某个起始价位，投资者就开始减仓，每涨一格就减仓一笔，直至减光。

网格交易的关键就是判断证券品的波动区间，由此设置起始价位和每一格的阈值。太早下网，证券品可能跌破预设的波动区间，网破，套牢；太晚下网，建不够仓位，收益有限。由于指数基金比个股少了资金干预，其波动区间比个股波动区间要确定得多，我们建议，网格交易应该用在指数基金上，赚钱概率较高。

10. 超跌反弹

有投资者在果仁网进行回测，证实在A股做超跌反弹是一种很有效的策略，年化收益率高达30%。投资者做超跌反弹，需要对超跌幅度、反弹幅度，以及它们与市场情绪的关系进行大量回测，如短时间内股价下跌20%入场，反弹10%兑现。

11. 轮动

轮动就是投资者按一定规则对证券进行排名，一次买后N名（如买后20名），每隔一段时间（如1周）根据最新排名调整持仓。比如Flitter的银行股轮动，就是根据自定义的银行股翻倍期对一揽子银行股进行排名，选5~8只股票进行轮动；又如可转债双低轮动，就是把所有可转债按“价格+溢价率”从低到高进行排名，选双低值最低的10~20只可转债进行轮动。轮动是非常重要的策略，后文将进行详细分析。

12. 因子投资

因子投资是指利用可量化的指标（因子），找到因子和股价之间的正相关或负相关关系，通过因子组合选股，获得超额回报的投资策略。

目前市场上常用的因子有八类：低波动率因子、市值因子、价值因子、盈利水平因子、质量因子、成长因子、动量因子、分红比例因子。随着近十年全球基于因子投资的资产迅速增加，因子数量也呈指数级增长。在过去十年间，市场上的因子数量已经超过了240个，预计十年后会多达500个。

投资者选择因子投资，一般需要考虑三个基本问题：第一，哪些因子能够影响股票回报？第二，如何将这些因子组合在一起？第三，因子之间如何进行轮动？而在每个基本问题下，又有数不清的小问题，例如，如何进行实操、如何进行回测、如何进行解读？一些因子因为被市场熟知，其带来的超额回报会随着越来越多的投资者追捧它而消失，投资者需要不停地寻找新因子来获得超额回报。最典型的就是小市值因子，它在2015年以前的A股市场一直是最有效的因子，所有围绕小市值因子的策略都取得了超高收益。但随着注册制的实行，壳资源价值越来越低，小市值因子变成了普通因子，不再神奇。

13. 指数增强策略

指数增强策略是指基金经理在构建投资组合时，运用指数跟踪与主动管理相结合的方式获取超额收益的投资策略，即在组合走势与指数保持一致的同时，依托管理人的能力，让组合的涨幅尽可能地高于指数，而跌幅小于指数。一般我们称指数收益为β，超额收益为α。以中证500指数增强策略为例，最终获得的收益=中证500指数收益（β）+超额收益（α）。

目前指数增强策略分为以下三类：

一是量化选股策略，即先挖掘影响股票走势的各种因子，再运用量化模型组合有效因子，最后选出一揽子优质股票。同时，投资者需要定期对选出股票的仓位进行优化，以达到持续跑赢指数的目的。

二是衍生品交易策略，即通过分析指数成分股与指数期货合约的价值进行套利。简单而言，就是当指数期货价值被低估时，投资股指期货合约获利；当指数期货价值被高估时，投资股票获利。在长期和短期合约价差接近时，也可以将短期合约延展为长期合约，从而获得超额收益。具体实践就是很多投资者根据中证500股指期货IC长期处于贴水状态的现象，不断将近月IC合约换月持有远月IC合约，从而达到跑赢指数的目标。

三是市值打新策略。因为持有一揽子股票具有市值，所以可以参与打新。打新收益是阿尔法收益的来源，可以稳定跑赢跟踪指数的ETF。

14. 自动化交易

自动化交易就是投资者让计算机按照事先设定好的条件自动地进

行买卖与交易，当然收益结果取决于交易计划的设计。投资者不用把主 要精力与时间放在人工盯盘与手动操作上，而要放在不断完善自己的交易计划上，然后让计算机自动执行交易计划。目前自动化交易基本通过量化软件平台，实现股票、基金、可转债的程序化交易。把交易程序化和模型化，可以避免人的主观因素带来的影响。目前市场上主流的量化交易软件有 PTrade、QMT等。

对于普通投资者，我们建议首先用好各券商的条件单功能，这是自动化交易最简易、最有效的方式之一。各家券商都开发了很多条件单功能，支持多种智能交易策略。投资者只需简单预设条件，就能自动抓取市场瞬息万变的行情，触发条件，智能下单。如果投资者有一定的因子投资能力，那么首推果仁网。果仁网是国内最活跃的非编程量化平台，具有门槛低、效率高的特点，是实现自动化交易的亲民途径。

15. 高频交易

高频交易是一个金融和计算机相结合的产业，同时精通这两者的人才是非常稀少的。真正的高频交易对大众来说一直都是黑箱，知之甚少。

据彭博社报道，2017年6月23日上海地方法院作出裁决，对两名俄罗斯公民的伊世顿国际贸易公司处以1.01亿美元的罚款。这是中国首次对高频交易公司作出的判决。法院裁定，2015年该公司非法进入中国金融期货交易所信息系统，当年6—7月通过抢先信息获得3.89亿元的非法利润。伊世顿因操纵中国期货市场被罚款3亿元（折合4400万美元），并被勒令退还非法获得的利润。该公司高管高燕获刑三年，缓期执行，被罚款100万元。另一名高管泽中正获刑两年半，被罚款80万元。

这是官方对高频交易鲜有的报道之一，可以看出有效的高频交易策略的赚钱威力还是巨大的，但投资者做高频交易最重要的是合法。依法使用高频交易策略，可以实现降维打击，稳定赚钱。本书介绍两种普通的高频交易策略——做市商策略和ETF套利策略。

做市商在市场上充当流动性的提供者。通俗地说，做市商策略是指有任何人想买一个东西（如股票、期货等），做市商要保证能卖给他；有任何人想卖一个东西，做市商要保证从他那里买。这里的保证是指如果市场上没有别人出头，做市商就必须站出来，隐含的意思就是，做市商是所有人的对手盘。只有流动性差的品种才需要做市商，一般的做法就是利用算法自动挂单，被动成交。成交的同时会自动匹配流动性充足的其他紧密相关的品种开仓对冲，在流动性差的品种上赚点差。同时交易所会给做市商更多的佣金和费用的优惠。

所谓ETF套利策略，是指投资者在一级市场用一揽子股票组合申购ETF份额，或把ETF份额赎回成一揽子股票组合，同时可以在二级市场上以市场价格买卖ETF。假设在某个时段，某只ETF成分股暴跌，使得该ETF的净值迅速走低，但该ETF的市场价格未能及时跟上，两者短暂地出现了一个价差。这时投资者就可以选择买入ETF一揽子股票组合，申购成ETF（以净值计价），然后在二级市场上出售

ETF（以市场价格计价），从而实现低买高卖，获取价差。参与这类交易的基本都是机构的高频机器人程序，竞争非常激烈。

16. 技术分析

技术分析是指根据均线、MACD、KDJ、布林线等技术指标进行操作。如前文所述，投资者运用技术分析在大涨和大跌阶段表现特别好，但在横盘阶段会反复赔钱，整体将取得市场平均收益。那么在指数低位用技术分析建仓，在指数高位用技术分析出货，在指数中间位置不用技术分析，就是一个较好的策略。

17. K 线形态

K线形态的原理是，从图形学的角度出发，统计每种行情对应的K线形态。那么倒过来就可以进行预测，当某种K线形态出现，就意味着某种行情可能要发生了。波浪理论、趋势交易、缠论，都是K线形态的经典理论。然而K线形态并不靠谱，没有哪位投资大师是靠K线形态致富的，把它作为吹牛的工具倒是特别好用。作为对K线形态了解很深的职业投资人，我们建议读者朋友不要把K线形态当作一个主要操作策略，只用于验证判断。

18. 筹码分布

筹码分布是一种辅助策略，通过观察前期的密集成交区和当前成交量，预判大盘能否突破阻力位或支撑位，在短线抄底或逃顶时是一个参考依据。

规则类策略

19. 打新

打新收益是A股市场特有的无风险收益。打新的年化收益率往年比较高，近些年因为IPO数量较多，市场承接力有限，已经降到了4%左右。有的投资者构建了“高股息+打新”的组合策略，即以高股息股作为打新门票，一年分红6%，加上打新收益率，理论上是一个年化收益率10%的低风险策略。

20. 套利

套利是指投资者面对某种资产在同一市场或者不同市场拥有两个价格的情况，以较低的价格买进，以较高的价格卖出，从而获取收益。

套利策略是投资策略中重要的大类。后文将详细介绍套利策略。

21. 快速通道抢涨停

由于主板新股的上市制度，新股经常会连续涨停。还有很多时候某只股票受利好消息刺激会连续涨停，或者受利空消息刺激会连续跌停，总之只要有涨跌停板制度就会有类似的情况出现。究竟是谁能在涨跌停板上交易，抢到这样的好机会呢？机构有VIP快速通道，享有优先权，但这样的快速通道每年费用不菲，且众多快速通道采取随机轮候的制度，竞争非常激烈。即便如此，还是有投资者租用快速通道专门关注此类机会，取得了不错的收益。

22. 债券“赌”刚兑

国内债券市场以前有小额（<50万元）刚性兑付的传统，于是当企业发生债务危机、债券价格大幅下跌的时候，有很多投资者买入债券“赌”刚兑。虽然讨债时间漫长，过程非常煎熬，但最后偿债时收益率惊人。但近几年五洋债、华晨债、永煤债陆续出现问题，刚兑已经不能保证了，加上只有合格投资者和机构才能购买，债券“赌”刚兑已经不是一个主流策略了。

23. 可转债下修

可转债规则很多，投资者可以制定很多策略。其中，可转债下修是可转债区别于其他权益品种的一条重要规则。可转债能够成为对散户友好的赛道，下修规则功不可没。国外的资本市场公司发行的可转债大多没有下修条款，可以说下修条款是A股可转债市场特有的独门武器。后文将详细介绍可转债下修策略。

24. 要约收购

要约收购是指收购人向被收购的公司发出收购的公告，待被收购上市公司确认后，方可实行收购行为。要约收购是证券市场最主要的收购形式，通过公开向全体股东发出要约，达到控制目标公司的目的。要约收购是一种特殊的证券交易行为，要约收购期间被收购公司有很多交易机会。

要约收购分为全面要约和部分要约。通常情况下，在收购人发布要约报告书之后，全面要约，要约价就是底，上不言顶但较难大涨；部分要约，要约价就是顶，下不言底但较难大跌。由此可见，要约价提供了很好的锚点，依据这个原则，投资者就可以高抛低吸进行操作。

不过一旦收购人公布要约报告书，股价便一飞冲天了。投资者只能坐等股价回落，伺机进场，寻找第二波机会。投资者如果可以提前对潜在要约收购的公司作出预判，尽早介入，就有可能获得丰厚的利润。比如当控股股东混改或者控股股东破产重整，公司股票就很有可能成为潜在全面要约收购股。总之，投资者可以围绕要约收购这个主题进行研究，寻找赔率占优的机会，一旦赔率和概率共振，就会出现重仓博弈的好机会。

25. 摘帽

企业有问题，会被交易所戴帽，即被出具其他风险警示（ST）或退市风险警示（*ST）。尤其是退市风险警示，给企业带来的压力非常大，因为如果第二年继续维持退市风险警示，企业就要退市了。所以企业会想尽一切办法，要么经营好转，要么重组重整，来消除退市风险警示，即摘帽。摘帽对股价是一个大利好，经常能获得连续涨停。投资者做摘帽策略的要点是跟踪上市公司的公告，判断戴帽时的那些负面因素是否即将消除，事先埋伏，静等利好兑现。

26. 重组

重组是通过资本运作，引入新的控股方或新的业务方向，如果新控股方有实力或者新业务处于风口，对股价就是一个大利好，经常能获得连续涨停。做重组策略的要点与摘帽策略类似，也是跟踪上市公司的公告，判断新股东实力和新业务的前景，事先埋伏，静等利好兑现。

27. 重整

重整与重组虽然只差一个字，实际却不是一回事。重整的全称为“破产重整”，企业破产了，如果进入清算程序，可能各债权方和股东方都分不到钱；如果引入战略投资者投一部分钱把企业救活，再把债权、股权打折，可能原有债权方和股东方还能多分一点。从投资者的角度，重整最大的意义就是“合法赖账”，以前的天量债务打折了，企业轻装上阵，这当然是一个重大利好。重整的过程很长，要走的法律程序也很多，做重整策略的要点是判断重整的可能性，以及各项程序的时间节点。

博弈类策略

28. 事件驱动

企业发生不好的事情时，股票暴跌，投资者如果能预判事件未来的演化向好，就能抓住这个难得的暴跌机会建仓，在事情好转后兑现。事件驱动体现的是投资者对社会运行规律的认知，这为那些见多识广的投资者提供了认知变现的机会。事件驱动的一个很大的好处是时间可控，一个事件通常在3个月左右就能看到结果，于是投资周期也在3个月以内。

29. 逆向投资

巴菲特曾说“别人贪婪时我恐惧，别人恐惧时我贪婪”，说的就是逆向投资。但逆向投资绝不是机械化的“大家都卖我去买，大家都买我在卖”，而是要根据自己对证券品的深刻认知，从估值和市场情绪两个角度，明明白白地说：“别人都错了，我是对的。”这种逆人流而行的投资方式是最激烈的博弈，其他投资者也不是傻瓜，其中还有信息灵通的掌握定价权的机构。逆向投资代表的是自己比其他人有高出一筹的判断，那得有多大把握才能执行呀！逆向投资的本质是以时间换空间，即以短期恐慌造成的亏损，换取未来估值回归的利润。

30. 股指期货日内交易

股指期货日内交易属于短期交易，因为股指期货的波动大，十分适合日内交易（不隔夜）。对于日内高频交易的投资者来说，股指期货是最合适的品种之一。所谓股指期货日内交易，就是在当天收盘前继续交易，当天了结。股指期货日内交易属于典型的高对抗博弈，要有能力、经验、性格、天赋做支撑才可以。

与其他类型的交易一样，日内交易也需要交易系统。投资者若想稳定盈利，必然需要依赖某种经过长期检验的技术，包含进出场信号、止损止盈、仓位大小等。投资者应只做自己看得懂的行情，只做属于自己的行情，对市场要有敬畏感，止盈可以不坚决，止损必须果断，这样才能在市场上生存下来。交易始终伴随着个人情绪，投资者在做日内交易时需要一直盯盘，个人情绪变化更加剧烈，必须保持平和放松的心态。

说起来容易，做起来难，因为股指期货日内交易本身就是获胜率很低的赛道，大部分人都会以亏损收场，所有参与的投资者一定要遵循认知与反馈的规律。股指期货日内交易是逻辑验证周期非常短的交易，投资者如果能在这个强者游戏中有胜出迹象，那么其逻辑有效性和完善性会很快迭代进化；反之，投资者经过一定时间的摸索和实践，如果看不到稳定盈利的迹象，千万别认为自己不够努力或者不够幸运，正确的反馈或许是你不适合这个赛道。

31. 转债到期博弈

如第四章“可能性原则”一节中所述，可转债是企业借的钱，期满就应该还钱，但是如果账面上的现金不够还钱或者企业不想还钱，只能促进转股。要么拉抬正股，使转股价值超过强赎价；要么下修转股价，然后进行强制赎回。这个时候埋伏可转债或正股，都能取得收益。

32. 做 T

做T就是“做T+N高抛低吸”的简称，即判断股票短期（日内或两三天）的波动情况，高点抛出，低点接回，降低持仓成本。互联网上有很多投资者都宣称自己做T节省了多少成本，实话说，绝大部分都是炫耀，根本不足为信。正因为做T大部分时间都没有显著的成功率，所以才有人把那些成功的做T案例拿出来炫耀，导致我们看到的做T都是成功的。做T是有条件的，市场急涨或急跌存在一些共性规律，在急涨回调或急跌反弹时做T才能取得大概率的成功。做T是野路子策略，一般教科书和大师言论都是不赞成的，我们的看法则不同。我们主张投资者积极参与做T，不是为了收益，而是为了获得敏锐的市场感觉，这种市场感觉在博弈过程中特别重要。

33. 打板

打板是A股涨停板制度下的一个特殊策略，也是A股割韭菜最狠的策略，100个人中，99个人的钱都被1个人挣走了。市面上有“有三必有五”之类的打板口诀，意思是有三连板就必然有五连板，如果投资者的思维停留在这么低的层次，听信这种鬼话，那他必然是99个输光的笨蛋之一。坐庄是一个过程，有建仓、拉升、连板、派发等步骤，连板只是坐庄的高潮部分，要研究打板，肯定需要系统化地研究坐庄的所有步骤的特点，只信一句“有三必有五”是不行的。绝大部分投资者，一生都没有机会操盘上亿元资金对某一只股票坐庄，但是难免会碰到自己的持仓被庄家看中而连板，这时候就面临什么时候出货的问题，我们给出的建议是开板即出、放量即出，落袋为安。

34. 撬板

股票碰上大利空，连续大跌，最后一个跌停时，跌停板上的卖单迅速减少。投资者可以抓住这个机会参与撬板，一天即可收获7%~8%的收益率，有时甚至能收获地天板。因为是短时间内连续大跌，情绪面到了极致，投资者参与撬板的风险其实是比较低的，至少当天不亏。撬板虽然不能让人致富，却是一个很有意思的游戏，能够提升投资者对博弈的认知。总之，参与有益。

在后面的篇幅中，笔者将就其中一些策略展开讲解。这些策略都是重要的投资策略，也是笔者的核心策略，有切身的体会，借此机会向读者朋友们分享。

大类资产轮动

大类资产轮动名为“轮动”，实际上并不需要像美林时钟一样套用一个漂亮的模型。投资者在实战中只需要遵循一个最朴素的原则即可：**哪个到底了就买哪个。**

三大好处

第一大好处是信息平等。因为不需要研究个股等具体标的，决策所需的信息全都是公开透明的宏观信息，所以机构、游资与散户相比并不具有信息优势，所有的人都在同一条起跑线，散户获胜的概率比买股票、买基金要高许多。

第二大好处是投资轻松。投资者不需要研究个股，只需要跟踪宏观数据，建立清晰的仓位配置，研究工作量小了1~2个数量级，适合有本职工作的业余投资者。当然，大类资产轮动对职业投资人也非常重要，它使轻松投资成为可能，一边周游世界，一边在手机上搞两下就把钱赚了。

第三大好处是躲过系统性风险。如前文所述，A股是周期市，同涨同跌且波动巨大，系统性风险是最主要的风险。大类资产轮动的依据本来就是评估各个大类资产的风险和机会，体现的是投资人的战略思维，而不纠结于个股细节，通俗点讲，“知道哪里有鱼，比怎么钓鱼更重要”。投资者只要大方向看准了，具体操作即便偶有失误，也不会影响整体收益。

复盘市场机会

下文以2014年8月以来的市场行情为例，详细说明大类资产轮动。

1. A 股时刻

2014—2015年6月是A股时刻，市值打新火爆，门票股上涨加上高额打新收益，双轮驱动，上证指数涨到5178.19点（见图5-2）。

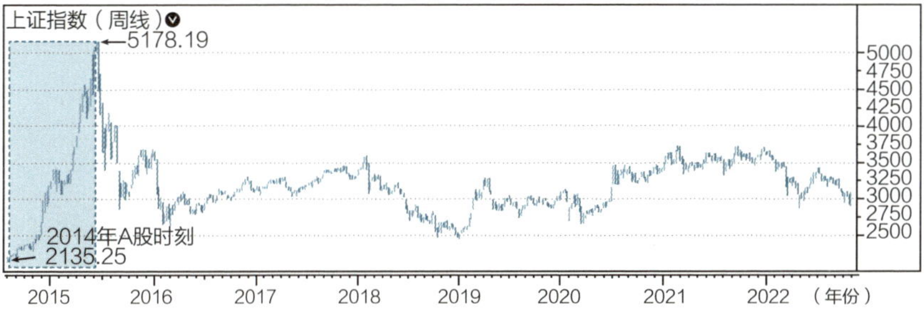

图 5-2 2014—2015 年 6 月的 A 股时刻

2. 分级 A 时刻

2015年中，随着市场行情火爆，融资、减持套现金额巨大，一年时间A股失血接近2万亿元（IPO近1万亿元，大股东减持4500亿元，印花税1600亿元，两融利息2000亿元）。显然，2014年开始的牛市不大可能持续到2016年，60万亿元的总市值难以承受2年5万亿元近8%的失血，A股已经极度危险。与此同时，分级基金A份额（简称“分级A”）的普遍价格处于0.78元左右的历史低位，出现了绝佳的投资机会。果然，2015年6月A股从5178.19点崩盘时，分级A作为附带看空期权属性的债券，给投资者带来巨大的收益，分级A投资者半年时间就取得了30%的收益率。2015年下半年至2016年上半年是分级A时刻（见图5-3）。

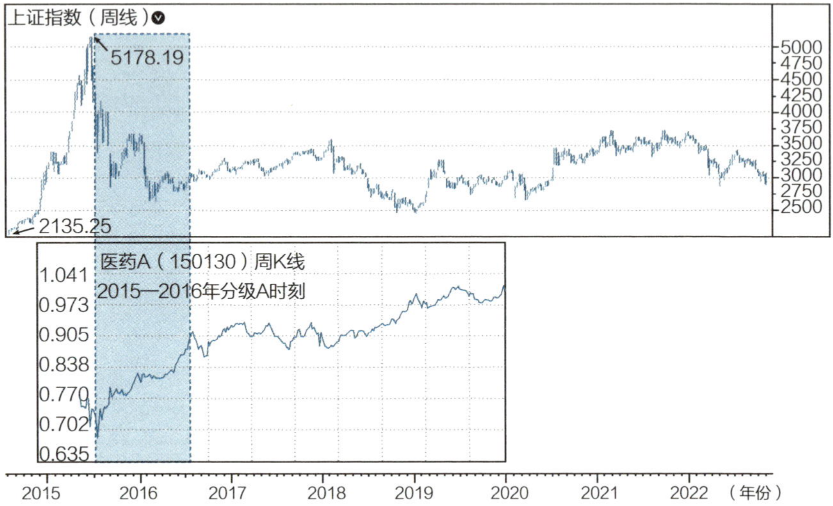

图 5-3　2015 年下半年至 2016 年上半年的分级 A 时刻

3. 商品时刻

2015年12月9日，国家开始实施供给侧结构性改革。所谓供给侧结构性改革，就是淘汰生产制造领域的落后产能。煤炭、钢铁等行业的竞争格局大为改善，大宗商品走出大牛市，以动力煤（5500千卡）为例，一年时间价格从278元/吨涨到660元/吨，这就是动力煤时刻。2021年动力煤时刻再度上演，海外因新冠疫情生产停滞，订单转移到中国，造成中国2021年的电力消耗比2020年多10%，相当于要新增一个英国加法国的电力供应！煤炭极其短缺，动力煤价格甚至上涨至1820.4元/吨（见图5-4）。

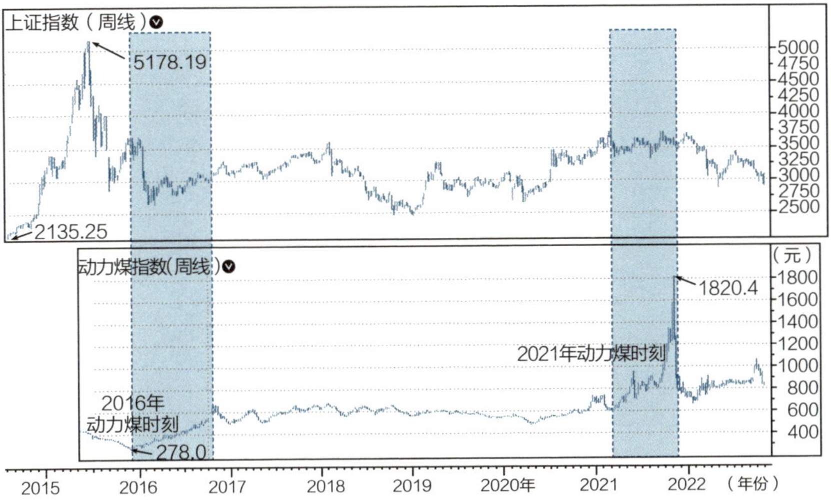

图 5-4　2016 年和 2021 年的动力煤时刻

4. 港股时刻

2016年2月，随着国家队入场和熔断政策中止，港股开始了2016年2月—2018年2月的大牛市，港股时刻来临（见图5-5）。为什么在这个时间段港股的表现比A股好？因为深股通开通，南下资金日益增加；又因为房地产行业的“涨价去库存”，房地产行业景气度大升，而房企多在港股上市。

5. 国债时刻

2018年2月我国开始去杠杆，即降杠杆、清资管、理财标准化、停货币化棚改，流动性紧缺，A股开始了长达11个月的熊市。此时30年期国债产品16国债19（019547）的价格跌到了78.78元，具备很高的投资价值，其后半年该产品上涨15%，市场进入国债时刻（见图5-6）。

图 5-5　2016 年 2 月—2018 年 2 月的港股时刻

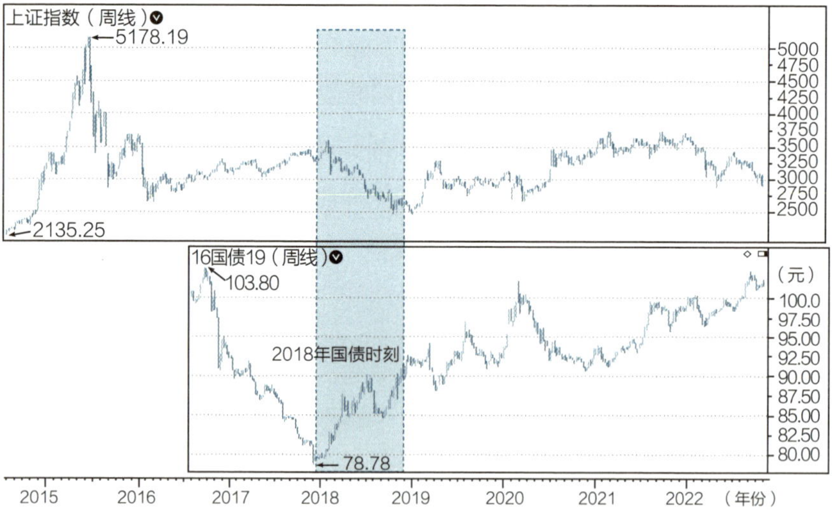

图 5-6　2018 年的国债时刻

6. 可转债时刻

2021年2月以后，随着可转债的发行数量大增，可转债市场流动性大为改善。游资发现了可转债在制度上的优势（“T+0”和“涨跌无限制”），在可转债市场兴风作浪。良好的赚钱效应吸引了更多投资者的进入，可转债市场水涨船高，进入可转债时刻（见图5-7）。从中证转债指数上看，可转债的整体涨幅似乎并不突出，实际上很多小盘妖债一天就涨43%，几天就翻倍的比比皆是，可转债投资者在2021—2022年赚得盆满钵满，资金翻倍者大有人在。

图 5-7　2021—2022 年的可转债时刻

以上是2014年以来的大类资产轮动机会，可能有读者会提出疑问：“真有人能做到吗？如果都能做到，那不成神仙了？世界上的钱岂不是都被他挣了？”我们能告诉大家的是，这些大类资产轮动，每次确实有人提前预见并且把握住了机会。投资者需要开拓思路，从战略的高度思考风险和机会，从而立于不败之地。

周期股

投资周期股的要点是抓住行业的炒作周期，对于有商品价格的行业，景气期约等于商品涨价，退潮期约等于商品降价。

以磷化工行业为例。2022年2月底发生的俄乌冲突耽误了两国的春耕，俄乌都是粮食出口大国，在全球粮食出现短缺的预期之下，可以预见各国都会增加化肥和农药的进口，以提升本国粮食产量。在这个背景下，化肥价格一路上行，化肥行业进入景气期。图5-8是磷酸一铵2021年和2022年的价格走势对比。

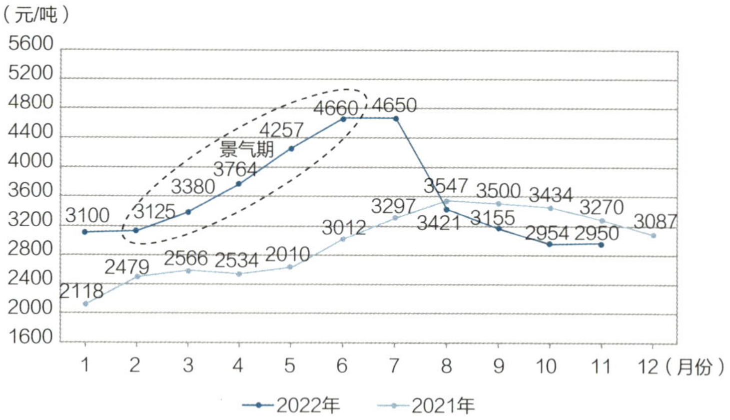

图 5-8　2021 年和 2022 年磷酸一铵价格走势对比

氮、磷、钾三类化肥中，氮肥从空气中来，谁都可以生产；钾肥主要由亚钾国际、盐湖钾肥和藏格矿业生产，股价一直都在天上；只有磷肥股的股价尚未上涨，具有可操作性，于是目标聚焦到磷化工股。

磷肥（磷酸一铵、磷酸二铵）的主要生产成本是磷矿石和硫酸。硫酸是基础化工品，在市场上很容易买到。中国的磷矿石日趋枯竭，采储比仅24年，主要在湖北、贵州、云南、四川四省，2016年纳入国家战略性矿产目录，这四省清理采矿权，控制开采总量。因为磷肥和磷矿价格是同步上涨的，所以自有磷矿的企业才能完整地吃到磷肥价格上涨的利润。显然，拥有磷矿资源成了筛选磷化工股的第一个关键条件。

国内生产磷肥的企业有云天化、兴发集团、川恒股份、川发龙蟒等，有些企业不光生产磷肥，还生产农药、有机硅等。既然是做磷肥的炒作周期，显然，磷化工占主营业务比成了筛选股票的第二个关键条件，即占比越高越好。本书总结了国内主要磷化工企业的磷矿石产能和磷化工占营收比，如表5-1所示。

表 5-1　国内主要磷化工企业的磷矿石产能和磷化工占营收比

企业	磷矿储量和产能	磷铵产能	磷化工占营收比
云天化	储量：13.15亿吨 产能：1450万吨	磷酸一铵+磷酸二铵：500万吨	23%
兴发集团	储量：6.83亿吨 产能：495万吨，在建200万吨	磷酸一铵：20万吨 磷酸二铵：80万吨	11%

续表

企业	磷矿储量和产能	磷铵产能	磷化工占营收比
川恒股份	储量：1.6亿吨，参股3.7亿吨 产能：250万吨，在建250万吨	主营磷酸二氢钙饲料（适合鱼虾）	77%
川发龙蟒	储量：8800万吨 产能：350万吨	工业磷酸一铵：30万吨 肥料磷酸一铵：69万吨 饲料磷酸氢钙：44万吨	89%
云图控股	储量：1.81亿吨 产能：200万吨	磷酸一铵：43万吨	25%
川金诺	外购	磷酸二氢钙+磷肥：107万吨	96%
六国化工	外购190万吨	磷酸一铵：30万吨 磷酸二铵：64万吨	50%
司尔特	储量：1.58亿吨	磷酸一铵：15万吨	34%
湖北宜化	储量：1.3亿吨	磷酸二铵：126万吨	24%

资料来源：各公司2022年半年报。

由表5-1可知，川金诺和川发龙蟒的磷化工占营收比都很高，分别为96%和89%。但是川金诺没有磷矿，全部来自外购，2022年6月以前川发龙蟒的磷矿产能也仅约100万吨。

2022年6月8日川发龙蟒的公告显示，该公司正在收购控股股东四川省先进材料集团与四川盐业所持有的天瑞矿业100%股权。天瑞矿业是磷矿开采企业，磷矿产能250万吨。如果能完成重组，川发龙蟒的磷矿产能约为350万吨，在国内就能排名第四，基本实现自给自足。于是目标进一步聚焦到川发龙蟒。

2022年4月，川发龙蟒发布一季报，营收同比增长64%，利润同比增长145%，证实行业进入景气期。但此时上海新冠疫情暴发，A股市场整体大跌，市场是把川发龙蟒的一季报作为利好出尽来看待的，其股价大跌20%，最低跌至9.12元。其实，那时正是绝佳的入场时机，如图5-9所示。

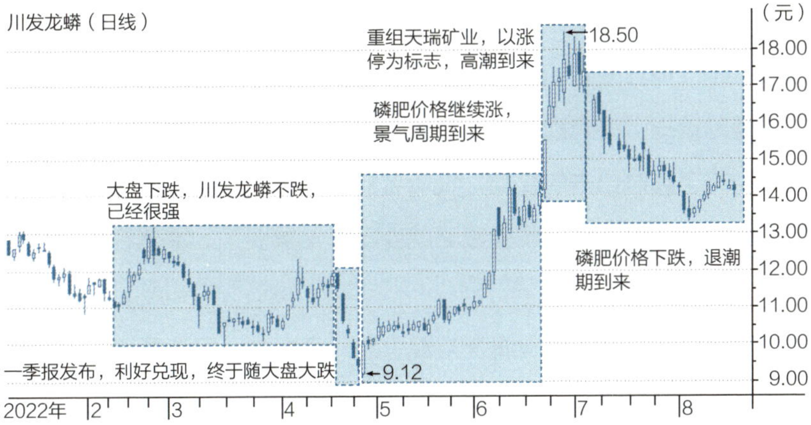

图5-9　川发龙蟒2022年1—8月K线图解析

随着磷肥价格一路上涨，磷化工股集体普涨，川发龙蟒也不例外。2022年6月23日，川发龙蟒重组天瑞矿业公告发出，川发龙蟒收获涨停，进入炒作最高潮，此时正是投资利润兑现的最佳时期。

2022年7月，磷铵价格开始下行，炒作开始退潮，川发龙蟒的股价也一路下行。

整个炒作周期，川发龙蟒的股价从最低的9.12元，涨到18.50元，短短2个月实现了翻倍，这就是周期股的魅力。

固　收

现金焦虑这个词语应该是投资者特有的。在资产配置中，现金无疑是低效资产，当现金占比过多就会产生现金焦虑。投资者通常会充分利用现金去做投资，提高资金使用效率。但投资首先要遵循确定性原则，坚守能力圈，如果没有确定性优势的投资机会，持有现金并不是最差的选择。持有现金就等于安全，进入了军棋中的“行营”，投资者拥有了随时出击的权利。投资者持有现金的时候，处理和利用现金增加收益、掌握固定收益策略就变得非常重要了。本节将介绍一些固收的现金增强策略。

现金增强策略的风险属性与现金是一个级别，不能高出太多。现金增强策略可以分为三大类。

货币基金和银行理财

（1）在集思录现金管理子栏目下，有国债逆回购的数据、T+0交易的货币基金数据、银行T+0理财产品数据。投资者只要关注这三个类别的数据，就会在某个时间段获取高出普通利息很多的机会。例如货币基金银华日利A（511880）经常有买入赎回获取高收益的机会；节假日前的国债逆回购也经常有超高收益；银行T+0理财的优势是可以将资金在股市结束后存入银行，第二天股市开盘前从银行赎回，在不影响股市投资的同时获取一天的利息，不过，银行T+0理财从2022年底开始被逐步取消了。

（2）银行揽储月底冲量。每到月末、季末、年末，银行会有揽储的任务。投资者把现金存到指定银行，银行会给予一定的激励政策，起到现金增强的效果。

中性对冲套利

类似于期现套利这样的中性对冲套利，缺少的只是机会，只要符合开仓条件，收益就是确定的，风险度类似于持有现金。

类似于根据50指数权重配置股票对冲股指期货这样无风险的中性对冲策略，目的只是获得股票市值，从而获取打新收益，这也是风险度等同现金的策略。

现金申购金融资产

A股以前执行过现金申购新股的制度。现金申购新股就是很好的无风险现金增强策略，2014—2015年，收益率达到20%以上。目前A股虽然执行市值打新制度，但北交所发行的新股、A股上市发行的不动产投资信托REITs基金，这些都采用现金申购制度。虽然北交所新股和REITs基金采用注册制，上市后有赚有赔，但只参与一致性预期高、确定性强的标的申购，风险完全可控，且收益也是不错的。

价值投资

价值投资的前提条件

这里的价值投资采用狭义的定义，即根据企业的基本面，投低估股或成长股。

尽管有无数大师、无数机构、无数教科书都宣传投资者应该做价值投资，赚企业成长的钱，但我们认为，价值投资是难度最高的投资方法之一，投资经验少于十年的人，要慎重选择是否把价值投资作为主策略。

因为读懂一家企业太难，不仅局外人读不懂，有时候企业创始人自己也读不懂，马化腾早年就想过卖腾讯；也因为A股的大周期太剧烈，系统性风险一来，无论价值多高的企业，股价也可能腰斩；还因为市场博弈太激烈，个人投资者估算的股价没有用，股价由定价权资金说了算，可以两三年都牢牢地趴在市净率0.6倍的地板上，或者飞在市盈率100倍的天上。

如前文所述，A股历史上的那些价值投资经典案例，大部分其实是踩对了资金流动性周期、行业景气周期和抱团炒作周期。大牛股通常不是从价值投资的角度挖掘出来的，而是从周期和博弈的角度挖掘出来的。所以，**投资者在A股做价值投资，有两个前提条件：周期和博弈。**只有在周期和博弈的框架下，价值投资才有较高的确定性。

快速研究企业基本面

巴菲特之所以能在5分钟内判断一家企业的价值，是因为他几十年投资下来积累了一把估值的尺，谁值钱谁不值钱，量得清清楚楚。根据基本面快速判断股票价值，是投资者进行价值投资的基本功。笔者远远没有巴菲特的功力，就以欧普康视（SZ300595）为例，介绍一个**“七看法”**，即如何在一个小时内初步研究一只股票的基本面。

一看业务。欧普康视的主营业务是硬性角膜塑形镜（OK镜），就是一片硬的隐形眼镜，晚上睡觉戴上，早上醒来摘掉，可以维持一个白天不用戴眼镜。OK镜的主要作用是压住眼轴，防止近视加深。考虑到我国是近视大国，不用动手术就可以防止近视加深的OK镜，是极具吸引力的业务，有广泛的市场空间。

二看增长。一般看近5年公司营收、利润的平均增长率，增长是否稳定。2017—2021年，欧普康视的营收和利润都保持高速增长，平均增长率为30%~40%，而且增长十分稳定，意味着未来可能还会保持这个增长率（见表5-2）。

表5-2　欧普康视2017—2021年营收和利润增长情况

	2021年报	2020年报	2019年报	2018年报	2017年报
营业收入（亿元）	12.95	8.71	6.47	4.58	3.12
营业收入增长率（%）	48.74	34.59	41.12	47.10	32.60
净利润（亿元）	5.55	4.33	3.07	2.16	1.51
净利润增长率（%）	28.02	41.20	41.92	43.34	32.29

三看估值。采用朴素的PEG估值法，业绩增长率40%通常对应40倍市盈率。A股历史上医药行业通常估值较高，如果拍脑袋地认为欧普康视可以享受10倍市盈率的溢价，那么业绩增长率40%对应的合理估值是50倍市盈率。而2022年欧普康视三季报的业绩增长率降低了20%，就需要下调欧普康视的合理估值。

四看资产。首先，欧普康视的现金及等价物多达13亿元；其次，有息负债（短期借款、一年内到期的非流动负债、长期借款和应付债券）合计才不到5100万元，几乎可以忽略不计（见表5-3）。

表 5-3　欧普康视 2021 年主要财务数据

欧普康视资产负债表主要表项	2021年报（元）
货币资金	6.56亿
交易性金融资产	6.99亿
应收票据及应收账款	1.57亿
存货	1.06亿
其他流动资产	2.27亿
长期股权投资	2.66亿
固定资产合计	1.83亿
商誉	2.54亿
……	……
资产合计	29.72亿
短期借款	—
一年内到期的非流动负债	4850.97万
其他流动负债	327.78万
长期借款	—
应付债券	—
……	……
负债合计	4.36亿
归属于母公司股东权益合计	22.16亿
少数股东权益	3.20亿
股东权益合计	25.36亿
负债和股东权益总计	29.72亿

经营现金流也与净利润基本匹配，见表5-4。

表 5-4　欧普康视 2017—2021 年每股收益和每股经营现金流

单位：元

	2021年报	2020年报	2019年报	2018年报	2017年报
每股收益	0.65	0.72	0.77	0.98	1.26
每股经营现金流	0.74	0.63	0.68	0.66	1.16

综上可以看出，欧普康视的财务非常健康，当前没有发现其存在财务“爆雷”的隐患。

五看股权。如表5-5所示，创始人陶悦群持股33.40%，是控股股东；南京欧陶持股12.54%，排名第二。用企查查软件查看股东名录，发现由管理层集体持股。应该说欧普康视的股权架构比较稳定，企业经营短期内不会发生巨变。南京欧陶在2022年中报、三季报都有减持，应该是高管减持，于是大体可以判断有高管认为欧普康视的股价短时间内难以向上突破了。

表 5-5　欧普康视 2021 年第三季度股权情况

股东名称	持股金额（亿元）	持股比例（%）	较上期变动（%）
陶悦群	2.99	33.40	不变
南京欧陶信息科技有限公司	1.12	12.54	-1.63

六看行业。国家药品监督管理局（NMPA）颁发的角膜塑形镜产品注册证已有12张，由11家生产企业拥有，包括3家境内企业、2家中国台湾企业（3张注册证），以及3家美国企业、1家日本企业、1家韩国企业、1家荷兰企业。由于品牌数量多，品牌间的竞争逐渐加剧。

而欧普康视是国内第一品牌，正在对外资品牌实现进口替代。

七看竞争。欧普康视的优势有三：一是其OK镜业务在国内开展得最早；二是公司布局了1400多家视光终端，网点最多；三是生产洗护液等长期消耗产品。这三大优势，令欧普康视的行业地位短期内难以被其他厂家撼动。

接下来在周期和博弈的框架下观察市场面，见图5-10。

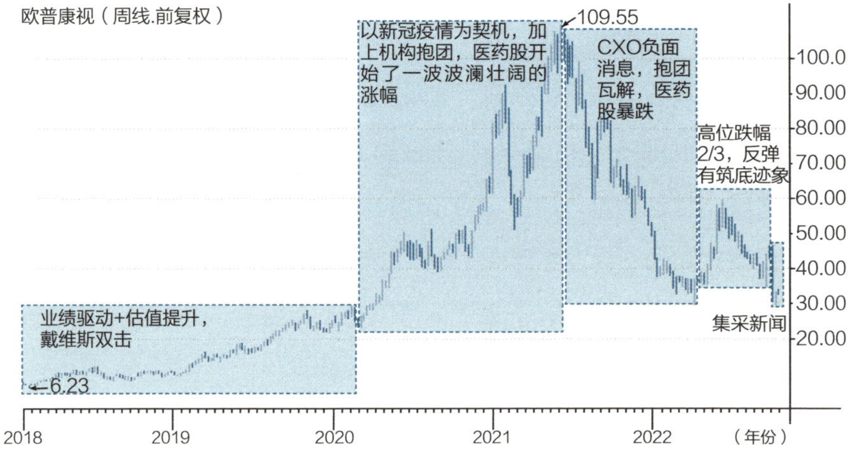

图 5-10 欧普康视 2018—2022 年 K 线图解析

2018—2020年3月，欧普康视股价涨了4倍多，应该是进入景气周期，受“业绩驱动+估值提升”的“戴维斯双击”所致。2020年4月—2021年7月，以新冠疫情为契机，机构抱团医药股，欧普康视股价又涨了4倍多，总市值近1000亿元，市盈率130倍，可以说已经透支了未来几年的所有利好。2021年7月—2022年4月，因传来CXO的负面消息，抱团股瓦解，医药股暴跌，欧普康视股价暴跌70%，达30

元。那30元是不是底呢？2022年5月，欧普康视开始反弹，结合估值已经到了40倍附近，所以30元有可能是底。

但是2022年10月，欧普康视又开始暴跌，寻找原因发现是集采传闻。2022年10月26日河北省医用药品器械集中采购中心发布通知，该省拟于近期开展20种医用耗材集中带量采购，组织开展信息填报工作，OK镜被纳入其中。由于OK镜成本预计只有800元，而售价8000元，一旦被纳入集采，高毛利就此终结，欧普康视股价大跌。

于是我们建立了对欧普康视的整体印象。基本面：市场广阔、快速成长、负债极低、股权稳定、竞争力强、估值快跌到合理区间了。市场面：经过一轮3年15倍的爆炒，后面几年难有大行情，又经历了1年70%的跌幅，可能在筑底。消息面：OK镜可能被纳入集采，高成长的逻辑被破坏，需密切关注。

轮　动

轮动就是对一揽子同质化的证券进行排名，一次买入后N名（比如买入后20名），每隔一段时间（比如1周）根据最新排名调整持仓。历史上有几个经典的轮动策略案例，每一个都曾经取得辉煌的业绩，名噪一时，如分级A轮动、最小市值轮动、银行股轮动、可转债双低轮动等。

轮动有两个关键问题需要分析：一是轮动的收益来源是什么？二是如何提升轮动效率？

轮动的收益来源是什么?

轮动的收益来源有两个：一是轮动的α收益，比如一次买入后20名，那每次调仓的收益就是其中某一两只票从最后20名涨到后20名以上，其实是收获了这20只票的波动收益；二是一揽子票的β收益，即持有这20只票的整体涨跌。

对于轮动的α收益，有没有可能后20名一直是后20名，导致轮动失效呢？有这样的可能。比如银行股轮动在2018年前一直有效，2018年后银行股分化，排名靠前的银行股一直涨，排名靠后的银行股一直跌，那就是“银行股同质化”这个基本假设不成立了。所以只有同质化的一揽子股票，才能进行轮动。

轮动的α收益永远为正，β收益可正可负，显然，我们需要比较轮动的α收益和β收益。如果$\alpha>\beta$，则可以一直满仓轮动；如果$\alpha<\beta$，则需要做择时，进行加减仓操作。根据笔者的印象，轮动的α收益是远远小于β收益的，大概要低一个数量级，因此择时是必需的。

如何提升轮动效率?

轮动效率取决于轮动参数的设置，包括票池数量、调仓周期、调仓阈值。用几只票进行轮动效率最高？5只、10只还是20只？每天调一次仓还是一周调一次仓？调仓的阈值是什么？是只要从倒数20名涨到倒数21名就调，还是涨到超过2%的价差才调？这些参数都应该经过大量的回测计算，进而得到一个最优解。

以资深投资者“yyb凌波”的可转债双低轮动为例，所谓双低值就是“可转债价格+溢价率×100”，选双低值最低的5~20只可转债进行轮动，轮动周期为半个月或者一个月。这个策略从2018年5月到2021年11月的收益率为175%，年化收益率高达31.73%（见图5-11）。2022年5月以后，可转债平均双低值达到190以上，整体蕴含较大风险，可转债双低轮动中止。

图 5-11 yyb 凌波 2018—2021 年可转债轮动的收益率曲线

套　利

套利交易的逻辑起点是追求价格差回归正常均值，强调的是收敛带来的相对收益，而不是预判涨跌的单边投机。套利交易可以分为统计套利和规则套利两大类。统计套利是通过已经发生的具体现象总结出一套规律，再把具体规律运用到投资中，是典型的后验逻辑，可以利用，但收益具有不稳定性。规则套利是以由规则引发的偏差回归为逻辑起点，属于先验逻辑，收益部分具有稳定性。

统计套利

1. 可转债配债套利

一般来说，上市公司公告其将要发行可转债后，次日股价往往会高开。所以投资者可以根据预判提前买入股票，参与配债，在转债上市之后卖出，但往往股权登记日后抛售股票的人较多，或多或少还会下跌。整个过程都是一个预期差博弈的过程，也是购买股票可能产生的损失和获配转债可能产生的获利之间的平衡。

2. 商品期货跨期套利、跨品种套利

因为商品期货散户不能进入交割月，也无法提供现货做交割，所以没有强制收敛的规则，只能根据历史统计数据规律做回归交易。无

论是同品种跨期套利，还是相近品种的同期跨品种套利，都不具有强逻辑，但长期看仍然是可以利用的规律。

3. 长假统计套利

很多人有长假休市避险的心理，会在节前卖出股票，节后买回，这就给我们提供了替他们承担波动风险换取盈利期望的机会。多年的统计数据也支持如国庆长假这样节前买入、节后卖出的策略，具有高赔率。但这种策略属于典型的统计套利，具有不稳定性。

4. 双低、低溢价、低价等逻辑的转债轮动套利

根据转债的一个指标或者多个指标的集合对转债进行排序，轮动排序靠前的转债，无论采用何种逻辑，排名靠前都蕴含着低估的可能性，也就具有回归均值的动力。俗语说，便宜有便宜的道理，同类比较被低估一定会有一些市场认为的其他缺点，这是由市场有效性决定的。但转债市场目前为止无违约出现，在向下空间有限的状况下，缺点很有可能是偏见，也就具有了统计意义上的优势。

规则套利

1. 股指期货的期现套利

期现套利是在股指期货到期日强制收敛的规则上产生的套利行为。当期货市场与现货市场在价格上出现差距，投资者利用两个市场

的价格差距，两边对冲等待价差回归，开仓时的价差注定是可以获利的，只需要考虑其他环节的风险即可。

2. LOF 基金折溢价套利

无论是股票LOF基金还是指数LOF基金，基金规则都规定好了申购和赎回的规则。当价格和净值出现偏差的时候，就存在折溢价套利的机会，此时净值预估就变得很关键。集思录网站的LOF板块就有净值预估可供投资者参考。

3. 封闭式基金折价套利

封闭式基金在封闭期一般是折价状态。投资者如果看好基金持有的标的，那么买入封闭式基金等待开放期，净值的折价部分就会因为按净值可赎回的规则，临近开放期逐步收敛，从而确定性地获得折价回归这部分利润。

4.ETF 申购赎回套利

因为规则允许投资者既可以在市场通过一揽子股票组合申购ETF份额或把ETF份额赎回成一揽子股票组合，又可以在二级市场上以市场价格买卖ETF，所以当ETF市场价格和净值出现偏差时，就会出现申购或者赎回的套利机会。虽然这种机会基本被机构的机器程序包揽，但一些小众的品种也有一定的机会。

5. 跨境 QDII 基金跨市场套利

对于跨境QDII基金的跨市场套利，核心是找到国外与之对标的品种，通过两个高度相关的品种之间的时间差和价格差来做价差的回归。

6. 跨境 ETF 跨市场套利

由于不同市场的交易时间不同，跨境ETF的申购和赎回规则不同于国内单一市场[①]。其申购和赎回的净值是一定时间后基金经理补仓或者卖出的持仓品种的价格，所以存在很大的不确定性，也容易出现价格偏差，这时就存在价格回归的套利机会。

7. 要约收购套利

根据要约收购的规则，当收购方收购股份比例达到30%，就会触发强制要约，即收购方向标的公司股东发出要约，收购标的公司股东手中的股票。如果要约收购没有失败，收购方发出的要约收购价就会成为一个明显的底部。投资者如果在收购价以下买入，最糟糕的情况，就算股价下跌，也能以收购价卖给收购方；如果遇到拉升股价的情况，收益则更多。要约收购又分为部分要约和全面要约。无论何种要约，要约价都是要约收购期间重要的价值锚，投资者可以根据这个

---

① 国内单一市场是即时完成的。

锚进行交易。

8. 可转债折价套利

可转债折价套利又称可转债转股套利。根据规则，如果持有相应的股票，在转债折价当天卖出股票，买入同样金额的可转债并立即转股，可以降低持仓成本；如果没持有股票，买入转债当天转股之后，要等第2天才能卖出股票，就需要承担股票下跌的风险，但折价部分的利润肯定可以吃到。成功的折价套利，需要正股走势和大盘行情的配合，也需要一定的运气。

9. 中证 500 指数期货 IC 吃贴水策略

IC吃贴水策略是前几年很有效的权益替代策略。股指期货强制收敛的规则决定了每年都会稳稳地吃到IC贴水的利润。指数的下跌空间是有极限的，前几年IC贴水的幅度还比较大，也就是说如果贴水一直存在，只要指数不归零，那么投资者滚动持有IC的时间足够长，就一定是盈利的。

10. 含停牌股基金套利

如果基金含有一定比例的停牌股，包括未上市新股，预计停牌股交易后会大幅上涨，那么根据基金规则，可以通过申购基金间接买到具有巨大潜在涨幅的股票，从而完成套利。

套利方式还有很多，如同新的魔术需要魔术师不断创新，但基本都是在原有的基础上去创新。下面举一个具体的含停牌股基金套利的例子。

2020年7月，中芯国际（SH688981）在科创板上市，发行价为27.52元/股。中芯国际是热点概念股，市场普遍预期会有较大涨幅，上市当天也的确以95元高价开盘，涨幅高达245%。由于发行规模比较大，很多基金都通过网下申购获配了一定份额的新股，通过公开信息搜集比较，可以选出中芯国际占比排名靠前的基金。在新股未上市前，基金净值是以发行价计算的，那么投资者购买这样的基金就等同于间接中了大肉签的新股。

投资者可以先根据基金含中芯国际的比例以及基金规模的大小对基金进行排序（规模小更容易被申购基金稀释），再选取无申购赎回费用的C类基金和场内可交易的封闭式基金，根据风险偏好选取一只或多只基金进行申购；同时考虑到申购基金的持仓风险，可以采取对冲的方式过滤系统风险，或者用类似持仓权益做短期替代。最终，没有中签中芯国际上市的投资者，也可以借道基金，套利成功。

可转债下修

可转债的价格很大程度上取决于转成股票后能值多少钱，也就是我们所说的转股价值。按照转股价值的计算方式，股票价格越高，转股价值越高；转股价格越高，转股价值越低。转股价格通常情况下固定不变，但上市公司可以通过下修转股价格推动可转债价格上涨。

可转债下修程序复杂，主要分为以下几步。首先，股价下跌触发下修条件后，上市公司可能会下修，也可能不会。如果上市公司打算下修，那么会公告召开董事会，提议下修，此时可转债会迎来大涨。其次，一般公告发布15天后，会召开股东大会进行审议，审议的结果有三种：第一，不同意下修，下修失败；第二，同意下修，下修到底（最佳状态）；第三，同意下修，下修不到底。根据历史统计，下修成功且到底的可转债大概占72%，概率很高。最后，股东审议通过后就进入实施阶段，如果下修成功，那么价格将进一步涨到位；如果下修失败，转债价格会跌回去；如果同意下修但是没有下修到底，那么价格可能会稍微有所下跌。

目前可转债下修新规的披露义务给投资者博弈转债下修提供了很好的时间节点，那么在什么情况下公司有下修意愿呢？主要有以下三种情况：第一，可转债临近或者进入回售期，上市公司为了避免还钱，迫不得已进行下修；第二，一般民营企业比较缺钱，通过下修促进转股的意愿较高，特别是有过下修历史的公司，或者下修对大股东股权稀释程度不大的公司，下修可能性也会更大；第三，如果可转债跌破面值，大股东借钱配了很多可转债，为了脱困解套，下修的意愿会十分强烈。

可转债下修的情况非常普遍，但根据上面的逻辑，在众多可转债中预判哪些可转债可能下修，还是一个低概率的事情。但投资者通过分析可以捕获一些高赔率的机会，在某个时间段内，概率也可能和赔率共振，就会出现可以上仓位的好机会。下文还是以久其转债为例说明下修博弈这个过程。

发行久其转债的公司久其软件是一家北京市科技类上市公司，虽然业绩亏损，但公司基本面并不差，主要客户是政府机关，所处行业也决定了其不存在突然“爆雷”退市的可能性。到目前为止，散户可买的可转债还没有出现过违约的情况，久其转债完全没有违约的风险。那么久其转债的结局就剩下要么强赎或者促进转股，要么到期还钱。久其转债2023年6月8日到期，在2022年4月到8月长达5个月时间里，其到期收益率徘徊在-3%~0%很长时间，那么在这个时间段内买入久其转债最坏的结果就是赔0%~3%。如果向上波动的幅度可能达到强赎的130元以上，获利20%以上，那么这就是一个高赔率的博弈机会。而久其软件作为民营企业，财务状况并不好，到期还钱的压力很大，那么主动下修转股价，进一步解决转债问题的可能性就变得很大了，由此会出现高概率和高赔率共振的情况。

2022年9月，久其下修转股价，接近下修到底。下修后转债价格到了118元附近，下修博弈的阶段告一段落。久其转债具体的走势图可以参考本书图4-1。久其转债价格由110元附近涨到118元附近，变成了标准的双低转债。紧接着在11月，伴随着久其软件一波凌厉的上攻，其价格最高达到163.601元，成功强赎。从下修后到强赎这个阶段属于强赎博弈阶段，并不是高概率和高赔率共振的状态，投资者需要有坚定的信心和博弈能力才能获得不错的收益。

久其转债下修转股价的博弈无疑是一个可以重仓的好机会，也是围绕下修规则衍生出来的“下有保底、向上无限”的难得的投资机会。投资者可以根据对下修规则的理解和判断挖掘类似这样的机会。

事件驱动

如果企业发生突发事件，通常是糟糕的事情，会把股价哗啦一下砸下去一大截，但企业的基本面没有变坏，事情最后也会得到解决，那么砸出来的大坑就是黄金坑，是难得的捡便宜的机会，这就是事件驱动。

做事件驱动，事后看结局当然是确定的，但是投资者身处其中，中间过程往往很煎熬，经常有更加利空的消息让投资者产生深不见底的感觉，失去持股的信心。所以做事件驱动有三个核心逻辑：大跌—基本面没坏—事情会解决。投资者只有牢牢把握这三个逻辑，中间过程任凭风吹雨打都不动摇，才能取得最后的胜利。

以国际医学（SZ000516）拒诊事件为例。国际医学是国内最大的民营医院上市公司，旗下有西安高新医院、西安国际医学中心医院、商洛医院等三家三甲医院。2022年1月西安新冠疫情暴发，一位孕妇被西安高新医院拒诊后流产，一位心绞痛患者被西安国际医学中心医院拒诊后死亡，这两个拒诊事件弄得民怨沸腾。2022年1月13日，西安卫健委责令国际医学停业整顿3个月。根据深交所《上市规则》，停业企业须戴帽（ST），待复诊后才能摘帽，国际医学成为ST国医。

国际医学戴帽前股价在11元左右的平台，戴帽期间股价从11.3元一路下跌到7元。三甲医院是紧缺资源，国际医学停业整顿后的审核是必然会通过的，所以三个月后ST国医摘帽是必然的，那么届时股价也应该能回到11元平台。

这看起来是一次很简单的事件驱动机会，7元买进，3个月以后11元卖出，但实际上却一波三折。国际医学的三家三甲医院，商洛医院是新建的，又在地级市，病人有限，一直在亏损。国际医学停业3个月没有收入，无力负担商洛医院的亏损，于2022年3月8日将商洛医院转让。这本来是一个减亏的行动，市场对此的解读却是重大利空，认为国际医学斥巨资建设了5年的商洛医院被迫转让，从拥有3家三甲医院退化到只拥有2家三甲医院，表明国际医学的成长性中止。于是ST国医的股价跌到6.58元的历史低点，投资者遭受重大损失。

ST国医的股价好不容易爬坡至8.5元附近，然而4月13日申请摘帽，市场解读为利好出尽，股价又掉头向下，跌到7元以下。直到2022年7月，国际医学的股价才重新回到11元平台。整个过程如图5-12所示。

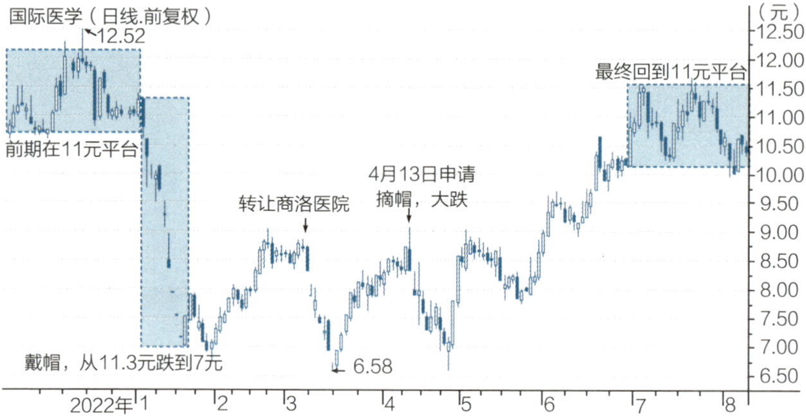

图 5-12　国际医学 K 线走势

做事件驱动，与国际医学类似的波折与煎熬就是会反复发生。投资者一要认准，二要坚定，才能取得最后的胜利。

逆向投资

别人卖，我买；别人买，我卖；别人都错了，我才是对的。

逆向投资是逆人潮而动，是最勇敢、最激烈的博弈。投资者要找准一两个点，在这一两个点的认知上，自己要有绝对的把握。

价值投资可以是逆向的，当股价大跌，逆向投资者说："企业基本面没坏，这种下跌已经远远跌破了合理估值，你卖，我买！"逆向投资者勇敢地杀进去，静候估值回归。

周期股可以是逆向的，当别人还在下行周期的惯性思维中，逆向投资者说："下行周期即将结束，后面一轮的上升周期即将到来！"

逆向投资者勇敢地杀进去，静候周期反转。

事件驱动可以是逆向的，碰到了糟糕的事情，别人都在恐慌抛售，逆向投资者说：“事情并没有那么糟，几个月后又是一片艳阳天，你们现在砸出来的是黄金坑，我拿盆来接！”逆向投资者勇敢地杀进去，静候事态好转。

2020年上半年，受疫情冲击和让利政策影响，市场对银行资产质量较为悲观，机构对银行股的持仓降到了历史低位。2020年6月末，公募基金持有A股银行股的数量较2019年末下降70%，占基金股票市值的比例由5.0%下降至1.1%。截至2020年6月30日，银行板块在上证指数占比18.1%，而公募基金对A股银行股的持仓占比仅1.1%，这是明显的低配！机构如此不看好银行股，该出的都出了，还有谁来出呢？银行股已经没有多少下跌的动能了。

2020年8月底，银行股的半年报逐渐发布。虽然各家银行的净利润都下降了，但很多人看出了其中的玄机。以平安银行为例，其主要经营指标营业收入、拨备覆盖率、资本充足率都大为改善，净利润和净资产收益率却是大幅下滑的（见表5-6），但如果把增加的拨备回填到净利润，则净利润应该增长18.8%！这个报表做得有意思，完美契合了社会上要求银行让利的说辞，不过这个让利未必是让给了社会，而是让给了拨备。

表 5-6　平安银行 2020 年半年报主要经营指标

单位：百万元

项目	2020年 1—6月	2019年 1—6月	本期同比增减
营业收入	78328	67829	15.5%
归属于本公司股东的净利润	13678	15403	-11.2%
成本收入比	27.30%	29.46%	-2.16个百分点
平均总资产收益率（年化）	0.67%	0.88%	-0.21个百分点
加权平均净资产收益率（年化）	9.33%	12.63%	-3.30个百分点
净息差（年化）	2.59%	2.62%	-0.03个百分点
非利息净收入占比	35.78%	35.66%	+0.12个百分点
	2020年6月30日	2019年12月31日	期末较上年末增减
吸收存款本金	2486121	2436935	2.0%
发放贷款和垫款本金总额	2508408	2323205	8.0%
不良贷款率	1.65%	1.65%	—
拨备覆盖率	214.93%	183.12%	31.81个百分点
逾期60天以上贷款偏离度	0.94	0.96	-0.02
资本充足率	13.96%	13.22%	0.74个百分点

资料来源：平安银行 2020 年半年报。

聪明的投资者看到这样的半年报，会心一笑，大举加仓，其后半年，平安银行的走势如图5-13所示。

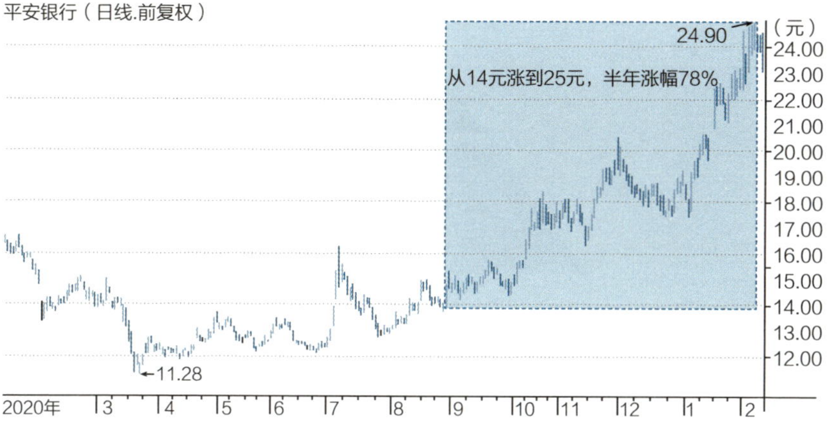

图 5-13　平安银行 2020 年 K 线走势

从易到难，精研投资策略

2023年初，受国金期货的邀请，我（资水）做了一个关于宏观择时和2023年展望的直播讲座，在问答环节有一位朋友提了一个很有代表性的问题：小白如何做好投资？

说实在的，小白要做好投资挺难的。资本市场是互相收割的市场，这个问题相当于在问：菜鸟如何才能击倒武功高手？那只能是菜鸟不断地学习和锻炼，有朝一日学成一身本领，自己成了高手，才有可能打倒高手呀！

策略就是投资者的“兵器”。投资者应当遵循循序渐进的原则，从易到难，把适合自己的“兵器”练得滚瓜烂熟。我们把本章介绍过的部分策略做一个难度分级，见图5-14。

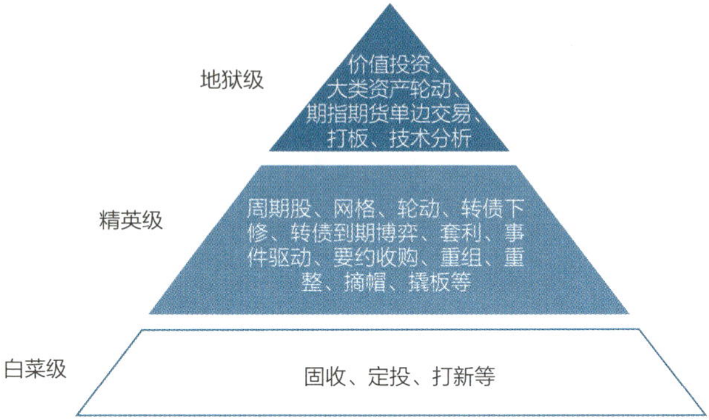

图 5-14　投资策略难度分级

白菜级，就是没有投资基础的小白也能做好的策略，包括固收、定投、打新等。白菜级策略通常意味着低收益，但贵在操作简单，风险低。

精英级，就是普通人使劲研究就能做好的策略，包括周期股、网格、轮动、转债下修、转债到期博弈、套利、事件驱动、要约收购、重组、重整、摘帽、撬板等。精英级策略是个人投资者最应该重视、最需要钻研的策略。

地狱级，就是专业投资者使劲研究也不一定能做好的策略。我们耳熟能详的一些策略都在里面，首先是价值投资（主要是低估和成长），其次是大类资产轮动、期指期货单边交易、打板、技术分析。

价值投资的难度体现在对企业的极致理解上。众所周知，作为局外人，研究企业真实基本面并判断企业未来，难度极大；另外，股价不仅受企业基本面驱动，也需考虑宏观经济、资金流动性、行业变局、市场情绪、资金博弈等方面，定价因子太多。

大类资产轮动的难度体现在对周期的极致理解。投资者需要非常清楚宏观经济形势、国家出台政策的影响、各类资产的定价机制等，这需要庞大的知识体系和开阔的宏观视野。

期指期货单边交易和打板的难度体现在对博弈的极致理解。衍生品和涨停板这两个小市场都是零和市场，场内都是镰刀互割，韭菜难以生存。

技术分析也属于地狱级策略，因为亿万次的回测都找不到技术分析长期有效的证据。技术分析能够培养投资者的盘感，但投资者再精通也难以持续挣钱，可能是条死路。

作为小白，做投资的第一个原则就是要回避高难度的策略。高难度策略需要投入巨大的时间精力成本，才有可能取得突破，不适合普通人。地狱级策略，是小白投资者应该回避的。

第二个原则，就是聚焦某一个策略，搞懂搞透。投资者选一个自己有感觉的精英级策略，天天钻研，一年不行用三年，三年不行用十年，直到成为顶级专家。我们曾经钻研某一个策略，年年精研打磨，做了六七年之久才得以小成，最终获取大把利润。

这种“一招鲜吃遍天”的收益率是不低的。据我们所知，有投资者用单一主策略做到年化收益率40%，这个时候就已经不是“普通人”了。搞透一个，再拓展到下一个策略，进而拓展能力圈。

投资者在掌握了两三个绝招的情况下，再在市场上经历至少两轮牛熊，或许就能够取得持续正收益，脱离小白群体，迈向专业投资者之路。这大概也是绝大多数投资高手的典型成长路线吧！

后　记
聊聊职业投资者的那些事

职业投资者这个群体在大众印象中多是一群在家炒股票不上进、不靠谱的家伙，影视剧中的人设基本是生活失败者兼家庭幸福的绊脚石。作为本书作者的我们都是职业投资者，我（打新交朋友）因为在集思录论坛上牵头组织口述投资故事的访谈活动[①]，接触了较多的职业投资者，在此聊聊职业投资者的那些事。

首先定义一下什么是职业投资者。我们认为，生活中在投资上的精力投入超过70%，经济上投资收入占比超过70%，无论是否还有其他工作，都可以算作职业投资者。

就我们接触的职业投资者来说，有从机构退役的投资经理、退休的职场人士、大学教授、企业高管、医生、程序员等。大多数人的教育背景和职业背景都比较好，由此可以说明，做投资是需要很强的综合能力的，如学习能力、逻辑思维能力、对社会的理解、对企业经营

① https：//www.jisilu.cn/question/340428.

的认知等，方方面面的能力都需要。

公众可能认为投资等同于赌博，确实有相当多的人把投资当成赌博在玩。但职业投资与赌博完全不相关，大家只要扪心自问："假如第二天就辞职，我能不能靠投资活命？" 而赌博是不可能让人活命的。在我们看来，职业投资更像是一份科研工作：看书、看报告、看帖子等同于科研工作的查文献；构建一个新的策略，类似于科研工作的找创新点；有了想法后要做数据分析、回测、建模，并通过实盘交易验证策略的可行性，类似于科研工作的做实验、出数据，对数据进行分析并构建模型；经过一系列的反馈再调整、再实验的迭代，一个策略趋于成熟，类似于科研工作的反复验证最后形成科研成果的过程。所以，职业投资者本质上都是学者。

从业绩上来说，职业投资者无疑是全国个人投资者中的顶尖投资者。如果把5年以上年化收益率达到15%算作优秀投资者的门槛，职业投资者基本上都超过了这一标准。长期年化收益率达到30%的也不在少数，个别职业投资者甚至能达到更高。我们知道投资大师的长期年化收益率就是20%多一点，如巴菲特是22%，施洛斯是20%，投资股票业绩最好的彼得·林奇是29%，国内最好的基金经理长期收益率也不过在18%~25%。

个人投资者的业绩超过了这些投资大师和顶尖基金经理，这可能吗？我们认为这是完全可能的，一是中国股市不像欧美股市那么成熟，超额收益的机会比较多；二是个人投资者的资金规模较小，通常在1亿元以内，船小好掉头，能参与很多机构不能进入的小容量市场机会；三是个人投资者更愿意承担风险，风控没有那么严格，风险越高，收益越高，全国那么多个人投资者，总有一小群人脱颖而出，取得非凡收益。

这些人是如何走上职业投资之路的呢？绝大多数人走的都是“投资者—财务自由—职业投资者”的道路，入市了，认真、严谨地做研究，建立了对市场的正确认知，掌握了几个靠谱的策略，取得了不错的长期收益，资金积累到财务自由的程度，为了追求生活的自由度走上了职投之路，即先财务自由再职投；也有很少部分人走的是“投资者—职业投资者—财务自由”的道路，基于工作和生活的种种原因，被动选择职业投资之路，例如有人参加工作没几年就辞职做交易，破釜沉舟，杀出一条血路，几年内就取得数十倍收益，即先职投再财务自由。

职业投资的难度有多高？根据中国证券登记结算有限责任公司的统计数据，全国投资者总数是21298万人（其中自然人21247万人，非自然人51万人），其中资产在500万~1000万元的投资者占比为0.22%，资产在1000万元以上的投资者占比为0.12%，即全国仅有71.4万人[2.1亿x（0.22%+0.12%）]的资产在500万元以上。假设51万非自然人都是机构户，且资产都在500万元以上，则资产超过500万元的自然人只有20万人，占全国2亿投资者的千分之一。也就是说，如果把500万元作为财务自由的最低门槛，全国通过自己投资实现财务自由的人占比仅为千分之一。

职业投资的成功率如此之低，所以是否要选择职业投资之路，投资者要特别仔细和慎重地考量。除了评估自己的投资水平，还要和原有工作作比较。不同的工作，收入的含金量是不一样的，就跟不同股票的盈利质量不一样，在某种程度上可以给各种职业估值。比如公务员、医生、教师这种职业，旱涝保收，社会地位高，年龄越大越值钱，每年投资收益如果能达到工资和奖金的10倍，才适合选择职业投资；私企的一般打工者有一定的技能积累，但不稳定，随着年龄的增长，劣势凸显，每年投资收益超过工资和奖金的5倍，才适合选择职业投资。

职业投资是一份工作，也是一种生活方式，要不要选择这种生活方式，也是看个人考虑的。一方面，职业投资有点类似于退休的生活，即逐步减少社会属性，选择相对简单的生活，社交圈子变小，社会价值变低。有很多人是适应不了这种生活的，所以通过写书、写公众号、发行私募，拓展自己的社会价值，开拓第二条职业赛道。另一方面，职业投资又拥有很大的自由度，可以在时间和空间上进行自由选择。随心所欲，做自己想做的事，不需要看任何人的脸色，这或许正是职业投资的魅力之所在吧！

投资这个职业像山岳一般古老，是一个极度需要热爱和工匠精神的行业。我们身边的职业投资者都是十年如一日，非常自律而且富有热情地持续学习，在投资上投入的时间早就超过1万小时。虽然每个人的方法和策略都不尽相同，但有一个共同的特征，都在不断地迭代进步。活到老学到老，与之对应的奖赏就是即便你是一个普通人，只要拥有正确的投资价值观，朝着正确的方向努力，在投资上就能取得不错的回报。一旦投资进入正反馈循环，那么研究复利和收益复利都会随着时间带来惊人的收益，有句话叫作："坚持投资三十年的，必成巨富！"

在此，衷心祝愿每位专注投资的朋友，在自己的不断努力下，每天进步一点点，日积月累，终成巨富！